ORCHIDEEN

Impressum

Titel der französischen Originalausgabe:
Orchidées. Comment les cultiver et les faire fleurir facilement, erschienen 1999 bei Les Éditions Eugen Ulmer, Paris

Aus dem Französischen von Christiane Schoelzel

Bibliografische Information Der Deutschen Bibliothek
Die Deutsche Bibliothek verzeichnet diese Publikationen in der Deutschen Nationalbibliografie; detaillierte bibliografische Daten sind im Internet über http://dnb.ddb.de abrufbar.
ISBN (Deutschland): 3-8001-6696-8
ISBN (Österreich): 3-7040-1964-X

Wollgrasweg 41, 70599 Stuttgart (Hohenheim)
E-Mail: info@ulmer.de
Lektorat: Agnes Pahler, Andrea Rausch
Titelgestaltung: Wilde 2, Stuttgart
Druck und Bindung: Gorenjski tisk, Kranj, Slowenien
Printed in Slowenia

Bildquellen

Umschlagfotos

deutsche Ausgabe: Vorderseite: Philippe Ferret. Rückseite: Marcel Lecoufle
österreichische Ausgabe: Vorderseite: Daniel Böswirth. Rückseite: Bildarchiv Laux

Fotos

Marcel Lecoufle: Seite 6, 7, 8, 9, 10, 11, 12 links, 13, 14, 15, 16, 19, 27, 33 rechts, 35, 36, 38, 39, 41 links, 41 rechts, 43 links, 43 rechts, 48, 49, 51, 54, 59, 60, 61 links, 61 rechts, 62, 63, 64, 65, 66, 67, 68, 69, 70 links, 70 rechts, 72, 76, 82, 84, 90, 91, 93, 94, Umschlagrückseite

Philippe Ferret: Titelbild (× *Laeliocattleya* 'Mely' und oben *Phragmipedium),* Seite 12 Mitte, 12 rechts, 21, 22, 28, 33 links, 40 links, 40 rechts, 42 links, 42 rechts, 50, 52, 53, 55, 57, 58, 63, 71, 73, 74, 75, 77, 78, 79, 80, 81, 83, 85

MAP, N. und P. Mioulane: Seite 17

MAP, A. Descat: Seite 86, 87, 88, 89

Zeichnungen

Ernst Halwaß und Bruno Conquet

ISABELLE BERT

ORCHIDEEN

auswählen und pflegen

VERLAG EUGEN ULMER
ÖSTERREICHISCHER AGRARVERLAG

INHALTSVERZEICHNIS

KEINE SCHEU VOR ORCHIDEEN

Wer sich einmal selbst an die Orchideenkultur wagt, wird bald feststellen, dass die Beobachtung und Pflege dieser »Naturwunder« ungemein faszinieren. Entgegen aller Vorurteile handelt es sich zum großen Teil um pflegeleichte Zimmerpflanzen, sofern man ihre Grundbedürfnisse kennt und beachtet. Die Schönheit der Blüten bereichert unsere Wohnumgebung und es scheint nur allzu verständlich, dass viele Pflanzenliebhaber diese Raritäten regelrecht sammeln.

Orchideenliebhaber zeichnen sich durch kein bestimmtes Profil aus, sie sind nicht begabter als andere Pflanzenfreunde, sie sind nicht reicher und sie sind auch keine »Botanikgenies« – aber sie haben alle eines gemeinsam: Sie lieben das Schöne, sind empfänglich für die Schönheit der Natur, achten und verstehen sie.

Ich habe dieses Buch in erster Linie deshalb geschrieben, weil ich meine Orchideenleidenschaft mit anderen teilen möchte; dazu will ich Grundlagen vermitteln, die man kennen sollte, bevor man diese tropischen Schönheiten bei sich zu Hause aufnimmt. Und da ich davon ausgehe, dass alle, die sich der Natur verbunden fühlen, ein gutes Gespür für Pflanzen besitzen, bin ich davon überzeugt: Auch Sie werden diese angeborene Fähigkeit bei sich entdecken!

***O**ncidium croesus* (oben) ist eine reizende kleine Orchideenart mit zahlreichen kurzen Blütenständen, die mit Blüten übersät sind.

ORCHIDEEN

Die Familie der Orchideengewächse, die Orchidaceae, entstand schon vor 120 Millionen Jahren. Bis heute zählt sie nahezu 30 000 Arten, und in ein paar Jahren wird man sicherlich 1000 neue ausgemacht haben. Ist es nicht faszinierend, dass diese Pflanzen ursprünglich auf dem Erdboden wuchsen. Um in einer Umwelt zu überleben, die ihnen nicht mehr zusagte, gaben sie ihren »irdischen« Zustand auf und lebten fortan als Epiphyten. Betrachtet man diese Entwicklung, kann man gut verstehen, dass Orchideen oft über alle anderen Pflanzen gestellt werden.

An sich mag ich diese Anspielung auf ihre Überlegenheit nicht so sehr, da das womöglich den Anschein erweckt, sie seien schwer zu kultivieren, wenn man nicht zum Kreis der »eingeweihten« Orchideenkenner gehört. Doch sie zu »verstehen« ist halb so schwer, und ich kann selbst nicht umhin, Orchideen als außergewöhnliche Blütenpflanzen zu betrachten, die immer eine unglaubliche Faszination ausüben werden. Ein gutes Verständnis der Kultur ist aber unweigerlich verbunden mit der Kenntnis der Pflanze und ihrer Lebensweise.

DIE FORM DER BLÜTE: EINE PERFEKTE HARMONIE

Die Blüte der Orchidee besteht immer aus drei Blüten- bzw. Kronblättern (Petalen) und drei Kelchblättern (Sepalen), deren Anordnung eine erstaunliche Eigenart aufweist: Wenn man die Spitzen der Sepalen einerseits und die der Petalen andererseits miteinander verbindet, erhält man zwei perfekte, verdreht aufeinander liegende Dreiecke. Dieser geometrische Aufbau ist innerhalb der Pflanzenwelt einzigartig.

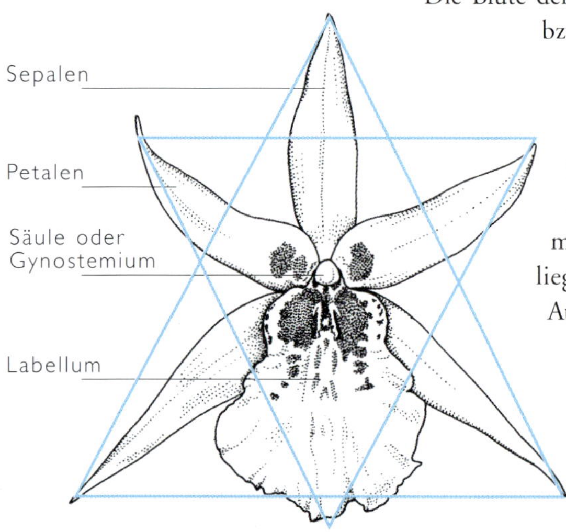

KENNEN LERNEN

DIE KELCHBLÄTTER (SEPALEN)

Die Sepalen bilden den äußeren Kreis der Blüte. Sie sind unterschiedlich groß, teilweise größer als die Kronblätter, wobei die rückseitige Sepale, die Dorsalsepale, häufig mehr oder weniger auffällig in der Form von den anderen beiden seitlichen Sepalen, den Lateralsepalen, abweicht.

Phalaenopsis ist zweifellos die blühfreudigste Orchideengattung: sie blüht nicht nur am längsten, sondern auch am häufigsten.

DIE KRONBLÄTTER (PETALEN)

Vor den Sepalen liegen zwei seitliche und eine mittlere Petale, die die Blütenkrone (Corolla) bilden. Die mittlere Petale unterscheidet sich stark von den beiden anderen und wird als Lippe (Labellum) bezeichnet. In ihren Farben, ihrer Form und Größe fällt die Lippe stärker auf als jeder andere Teil der Pflanze. Auch ihre Position genau unter den Fortpflanzungsorganen ist alles andere als Zufall! Wir werden sehen, warum.

WORAN ERKENNT MAN EINE ORCHIDEE?

Auch wenn man oft instinktiv weiß, dass man eine Orchidee vor sich hat, so weiß man doch nicht immer, anhand welcher Merkmale sie bestimmt wird: Es genügt, dass ein ganz bestimmtes, als Säule (Gynostemium) bezeichnetes Organ vorhanden ist, damit eine Pflanze taxonomisch zur Familie der Orchideengewächse gehört.

Alle 30 000 erfassten Orchideenarten haben diese Säule gemeinsam, sie ist das Charakteristikum, das keine andere Familie im Pflanzenreich besitzt. Bei der Betrachtung einer Tulpe beispielsweise kann man sehr leicht den weiblichen Teil des Bestäubungsapparates (den Stempel, das heißt den Fruchtknoten mit der Narbe am Ende), der sich in der Mitte der Blüte befindet, vom männlichen (Staubgefäße mit Pollen) am Rand unterscheiden.

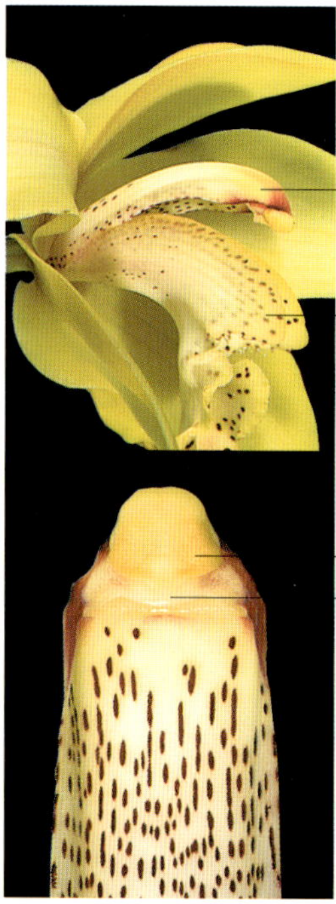

Blüte von *Cymbidium* und die Vergrößerung der Säule von unten gesehen.

Unverkennbares Merkmal

Wenn sich im Mittelpunkt der Blüte am Ansatz der beiden Petalen und in der Verlängerung des Fruchtknotens ein länglicher, harter Teil befindet, der nach vorn aus der Blüte herausragt (er wird als Gynostemium, Säule oder Columna bezeichnet), dann kann man davon ausgehen, dass es sich um eine Orchidee handelt.

Bei der Orchidee ist das schwieriger zu erkennen, denn mit Ausnahme des Fruchtknotens liegen die männlichen und weiblichen Blütenteile verborgen, zusammengefasst in einer einzigen röhrenförmigen Anlage: nämlich der schon erwähnten Säule (Gynostemium). Diese befindet sich im Mittelpunkt der Blüte in der Verlängerung des Fruchtknotens und überragt stets die Lippe (Labellum). Betrachtet man ihre Innenseite, wird deutlich, dass die jeweilige Lage der männlichen und weiblichen Organe nichts dem Zufall überlässt und äußerst wichtig für die Befruchtung durch das Pollen tragende Insekt ist. Die Anlage des Bestäubungsapparats in der Säule und damit der Weg, den der für den Fortbestand der Arten unverzichtbare »Mitspieler« im Inneren der Blüte zurücklegen muss, ist dessen Morphologie hervorragend angepasst.

Charles Darwin wies als erster auf die Rolle von Insekten für die Fortpflanzung der Orchideen hin, die bis dahin als unfruchtbare Schönheiten galten. Stellvertretend für alle anderen sei hier eines der schönsten Beispiele angeführt: Die Befruchtung der Orchidee *Macroplectrum (Angraecum) sesquipedale* durch den Nachtfalter *Xanthopan morgani* fo. *praedicta*. Die Pflanze blüht weiß und duftet nachts, und der herrliche Falter mit einem etwa 25 cm langen Rüssel wird von den weiß leuchtenden Blüten und von ihrem starken Duft angezogen. Er setzt sich auf die breite Lippe der Orchidee und schöpft mit seinem Rüssel den Nektar, der in dem etwa 20 cm langen Sporn im hinteren Teil der Blüte enthalten ist. Dazu muss er seinen Kopf weit unter die Säule mitten in die Blüte stecken.

Perfekt sind die Orchidee *(Macroplectrum sesquipedale)* und der Falter *(Xanthopan morgani* fo. *praedicta)* aufeinander abgestimmt.

Wenn er den Nektar aufgenommen hat, zieht er sich zurück, wobei sein Kopf zwangsläufig kleine, klebrige Stielchen (Caudiculae) streift, die in das Zentrum der Blüte ragen und die Pollinien (die zusammenhaftenden Pollenpakete) mit dem Ende der Säule verbinden. Diese werden von der Säule abgerissen und bleiben am Kopf des Falters kleben, der auf der weiteren Nektarsuche sogleich eine Nachbarpflanze derselben Art anfliegt. Dort geht er genauso vor, und beim Eindringen seines Kopfes in die Blüte streift dieser die Narbe, den nach innen gewölbten Teil mitten in der Säule, an der die mit einer klebrigen Substanz überzogenen Pollinien hängenbleiben.

Dies ist der Augenblick der Bestäubung. Danach verwelkt die »überflüssig« gewordene Blüte rasch, und der im hinteren Teil der Blütenkrone liegende Fruchtknoten wird zur Frucht. Bei allen Orchideen ist die Anordnung des Bestäubungsapparates gleich, lediglich die Größe der Säule unterscheidet sich bei den verschiedenen Arten. Das Insekt und sein Zugangsweg sind je nach Form der Blüte verschieden, und zuweilen wird das Insekt zu äußerst komplizierten Strecken genötigt, was immer das Gleiche, nämlich die Befruchtung, bezwecken soll.

MORPHOLOGISCHE BESONDERHEITEN

Orchideen treten in sehr unterschiedlicher Form in Erscheinung, sie erstaunen und faszinieren. Sie bieten eine so große Formenvielfalt, dass man leicht ins Zweifeln gerät, ob sie wirklich ein und derselben Familie angehören. Dabei ist die Klassifizierung einfach: Eine Gruppe bildet waagerechte, kriechende Sprossachsen, die andere senkrechte.

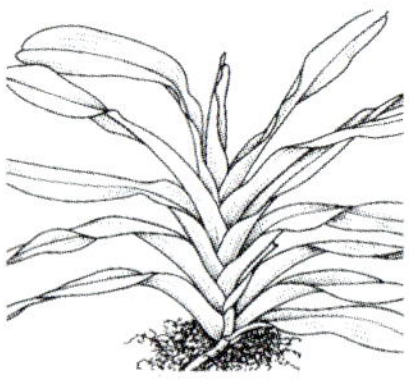

MONOPODIALE ORCHIDEEN: MIT SENKRECHTER SPROSSACHSE

Die Sprossachse ist der zentrale Teil der Pflanze, sie trägt die Blätter, die meistens zweizeilig (rechts und links) angeordnet sind, bringt die jährlichen Blütenstände und die bekannten Luftwurzeln hervor. Einer monopodiale Orchidee wächst stets (vertikal) in eine Richtung und verzweigt sich nur ausnahmsweise. Je nach Gattung und Alter der Pflanze variiert die Höhe der Sprossachse. Eine erwachsene *Phalaenopsis* wird kaum über 15 bis 20 cm hoch, während manche *Vanda* bis zu zwei Meter hoch wird. Auf jeden Fall sollte man wissen, dass eine monopodiale Orchidee in Gegenden lebt, in denen es keine ausgeprägte Trockensaison gibt. Die Pflanze ist von ihrem Aufbau her nicht in der Lage, Wassermangel zu überstehen, und muss folglich regelmäßig gegossen werden.

SYMPODIALE ORCHIDEEN: MIT WAAGERECHTER SPROSSACHSE

Im Gegensatz zur monopodialen Orchidee, bei der es sich um eine einzige Pflanze handelt, die im Laufe der Jahre nur in eine Richtung wächst, bildet die sympodiale Orchidee sogenannte Pseudobulben aus. Diese »falschen Bulben«, die Sprossknollen der Orchideen, speichern während ihrer Entwicklung eine gewisse Menge an Wasser und Nährstoffen, auf die die Pflanze dann zurückgreift, sobald die für ihr Herkunftsgebiet charakteristische Trockenzeit beginnt. Will man diesen Orchideentyp halten (*Cattleya, Odontoglossum, Dendrobium,*

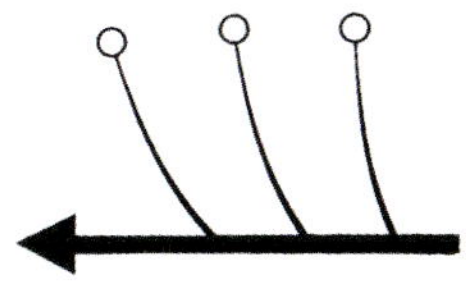

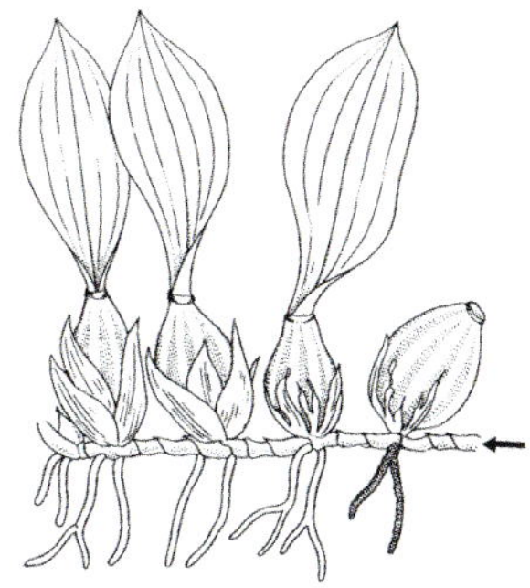

Cymbidium usw.), genügt es, das Wachstum der Pflanze zu beobachten:

Jedes Jahr bringt sie neue Pseudobulben hervor, die an der Basis der vorjährigen entstehen. Wenn sie sich in der Wachstumsperiode befindet, muss reichlich und regelmäßig gegossen werden (man stelle sich nur einmal die tropischen Regenfälle vor!). In dieser Zeit lagert die Pflanze Vorräte an. Wenn die Pseudobulben vollständig entwickelt sind (wobei Größe und Volumen mindestens derer des Vorjahres entsprechen), sollte weniger häufig gegossen und bei bestimmten Arten sogar das Gießen eingestellt werden.

D*endrobium* (Foto) und *Coelogyne* (Zeichnung) zeigen sehr gut die Wuchsform einern sympodiale Orchidee. Seite 10: *Vanda* (Foto und Zeichnung) ist die repräsentativste der monopodialen Orchideen.

DIE BLÄTTER

Die Blätter von Pflanzen sind übersät mit einer Unmenge mikroskopisch kleiner Öffnungen, die mit den Poren unserer Haut vergleichbar sind. Diese Spaltöffnungen (Stomata) sind die Atmungs- und Transpirationsorgane der Pflanze, die so einen Gasaustausch mit der sie umgebenden Luft vornehmen kann. Durch sie nehmen die Blätter Kohlenstoff auf, der sich bei Lichteinwirkung zusammen mit dem Wasser in Zucker verwandelt, wobei das Licht vom Chlorophyll (Blattgrün) der Blätter absorbiert wird: Hier handelt es sich um den bekannten Prozess der Photosynthese.

Wie jedes lebendige Wesen transpiriert die Pflanze: Sie nutzt die Luftfeuchtigkeit, wenn der Sättigungsgrad ausreichend hoch ist; hingegen verdunstet das Wasser, wenn er zu niedrig ist, und die Pflanze trocknet aus.

Berücksichtigt man ihre enge Beziehung zu ihrer unmittelbaren Umwelt, scheint es nicht übertrieben, wenn man die Blätter als regelrechte »Sprachrohre« ansieht, die uns deutlich typische Mangelerscheinungen oder Kulturfehler anzeigen. So weisen Blätter, die schlapp oder dünner werden, auf Wassermangel hin; ein Vergilben oder Rotwerden der Blätter zeigt, dass die Pflanze zu starkem Licht ausgesetzt ist. Diese Beispiele geben aber nur Anlass zur Sorge, wenn es sich um junge Blätter handelt; bei älteren (sie haben eine Lebensdauer von zwei bis fünf Jahren) ist es normal, wenn sie absterben, um durch neue ersetzt zu werden.

Ein paar Beispiele für die Vielfalt von Orchideenblättern, von links nach rechts: *Ludisia discolor, Paphiopedilum delenatii* und *Paphiopedilum appletonianum.*

DIE LUFTWURZELN

Die meisten in Kultur befindlichen Orchideen sind Epiphyten bzw. nicht an ein streng epiphytisches Dasein gebunden. Man sollte schon ihren Aufbau sowie ihre Lebensweise gut kennen, um sie ihren Bedürfnissen entsprechend kultivieren zu können.

Die Wurzeln sind für das Gedeihen doppelt wichtig: Einerseits nehmen sie Nährstoffe und Wasser auf, die sie in der Luft, auf den Bäumen oder auf moosbedeckten Felsen vorfinden, dann zur Pflanze leiten und damit deren Nahrungs- und Wasserversorgung gewährleisten. Andererseits verankern die zahlreichen und kräftigen Wurzeln die Pflanze fest auf ihrer Unterlage. Ihre außergewöhnliche Morphologie stellt also nichts anderes dar als eine besonders gute Anpassung der Pflanze an ihre Umwelt.

Die Orchideenwurzeln bestehen aus zwei Teilen: in ihrem Kern befindet sich der lebendige Teil, das zentrale Leitbündel, welches den Transport der Nährstoffe und des Wassers in die Pflanze übernimmt; als äußere Schicht versorgt und schützt das *Velamen radicum*, eine silbrig-weiße Hülle aus mehreren Zellschichten.

Diese wird bei Feuchtigkeit grünlich, während das zentrale Leitbündel gleichzeitig Wasser und Nährstoffe aufnimmt. Dieses Velamen besteht aus schwammigen Zellen, die eine ausgezeichnete und schnelle Wasseraufnahmefähigkeit besitzen. Bei jedem tropischen Regenschauer saugen sie sich mit Wasser voll, das an den Baumstämmen hinabrieselt. Lebenswichtige Nährstoffe (organische Zersetzungsprodukte oder Ausscheidungen von Insekten, Sauerstoff, Kohlendioxid und Mineralien), auf die keine Pflanze verzichten kann, sind von Natur aus in diesem Regenwasser enthalten, das sich auf seinem Weg über Stämme und Felsen damit anreichert. Der

Die Wurzeln spiegeln hervorragend den Gesundheitszustand einer Orchidee wider. Neun von zehn Orchideen verlieren ihre Wurzeln, bevor sie eingehen.

Baum dient der Orchidee lediglich als Unterlage. Sie entzieht ihm folglich keine Nährstoffe, und beide leben in harmonischer Gemeinschaft miteinander. Von Schmarotzertum kann also keine Rede sein.

DIE BLÜTENSTÄNDE

In einem Punkt gleichen sich wohl alle Orchideenliebhaber: Sie warten erwartungsvoll auf das Erscheinen der Blütenstände, um sich für ein paar Wochen oder Monate an den herrlichen Blüten zu erfreuen. Sie werden umso mehr bewundert, wenn sie all die Aufmerksamkeit und Mühe belohnen, die ihnen geschenkt wurde.

In der Gruppe der monopodialen Orchideen (mit senkrechter Sprossachse) wachsen die Blütenstände in den Blattachseln. (Das ist der Fall bei *Phalaenopsis*, *Vanda*, *Renanthera.*) Bei den sympodialen Orchideen (mit waagerechter Sprossachse) können sie, je nach Gattung, an verschiedenen Stellen erscheinen: am Ende der Pseudobulben (wie bei *Cattleya*), entlang der Pseudobulben *(Dendrobium),* an ihrer Basis (*Odontoglossum*, *Lycaste*, *Oncidium* usw.). Aber ebenso im Zentrum des neuen, ausgereiften Triebes

Eine Orchidee bringt umso mehr Blüten hervor, je älter sie ist. Die Blüten werden mit der Zeit immer schöner.

(*Paphiopedilum*, *Phragmipedium* usw.), an der Basis des Triebes (*Jumellea*, *Cochleanthes* usw.) und manchmal, was allerdings eher selten ist, unter der Pflanze, durch die Wurzeln hindurch (*Stanhopea*, *Dracula* usw.).

In den meisten Fällen vergehen mehrere Monate zwischen dem Erscheinen des Blütenstandes und dem Aufblühen der ersten Blüte. Die Dauer der Blütezeit variiert zwischen 24 Stunden und drei Monaten oder mehr. Doch keine Angst, Orchideen mit extrem kurzlebigen Blüten werden selten im Handel angeboten, dafür sind sie für Sammler interessant, die ihre Qualitäten schätzen (Duft, große und außergewöhnlich geformte Blüten) – sozusagen als Ausgleich dafür, dass sie nur ein paar Tage am Leben sind.

Orchideen blühen jedes Jahr, manche sogar mehrmals jährlich (*Phalaenopsis*), und je älter sie sind, desto Aufsehen erregender sind ihre Blüten und desto länger ist ihre Blütezeit. Dieses Detail sollte einen doch anspornen: In zehn, 20 oder 30 Jahren hat man eine noch schönere, kräftigere Orchidee mit mindestens fünfmal soviel Blüten!

VORKOMMEN UND LEBEN IN FREIER NATUR

Die Orchideen bilden die größte und am weitesten verbreitete Familie unter den Blütenpflanzen, die wir kennen. Zwar sind sie weder in Wüsten- noch in Polarregionen zu finden, doch ansonsten auf allen Kontinenten mit Schwerpunkten in Mittel- und Südamerika und auf dem asiatischen Kontinent. Zudem existieren Orchideen, seit es pflanzliches Leben gibt. So beherbergen Europa und Nordamerika herrliche erdbewohnende Arten (Geophyten), die an das Klima in kalten und gemäßigten Zonen angepasst sind. Diese bereiten aber – so erstaunlich das erscheinen mag – bei der Kultur echte Schwierigkeiten, da sie sich nur schwer anpassen können.

Im Gegensatz zu dieser Minderheit steht die Mehrzahl der »exotischen« Orchideen: Sie sind (abgesehen von einigen Ausnahmen) weder Erdbewohner noch schwierig in der Wohnung zu ziehen. Sie stammen aus tropischen Gefilden, und die meisten von ihnen sind Epiphyten. Dies wird häufig falsch interpretiert, denn obwohl sie auf einer anderen Pflanze (Baum, Farn) wachsen, entziehen sie dieser keinerlei Nährstoffe, sind also keine Parasiten. Übrigens: Wenn dies der Fall wäre, wie sollte man sich dann erklären, dass sich manche von ihnen mit einem Felsen oder auch mit einem einfachen Korb als Unterlage zufrieden geben? Die Orchidee lebt von dem, was sie umgibt: Luft, Feuchtigkeit, Mineralstoffe, Licht, Temperatur bis und natürlich von dem, was wir ihr geben. Der Baum bzw. seine Rinde dienen einzig und allein als Unterlage.

Die meisten exotischen Orchideen sind Epiphyten: Sie leben in der Natur auf Baumstämmen oder -ästen – und zwar in Harmonie mit dem Baum.

Doch das ist nicht das wichtigste Kriterium für die Kultur. Noch wichtiger ist es, die Höhe und die Umwelt zu kennen, in der die Pflanze wild wächst. Eine Orchidee, die in 200 m Höhe lebt, in der feuchten Atmosphäre eines Waldes, wo die Temperatur nur zwischen 25 und 30 °C schwankt, lässt sich nicht genauso halten wie jene, welche in 1800 m Höhe lebt, frühmorgens der vollen Sonne ausgesetzt und Temperaturen gewöhnt ist, die zwischen Tag und Nacht erheblich schwanken. Aus diesem Unterschied ergibt sich die Einteilung in Orchideen für warme, temperierte oder kalte Gewächshäuser, die dem Liebhaber als Orientierung bei seiner Auswahl dient.

ORCHIDEEN

Die Blüten von *Cochleanthes wendlandii* duften. Die Wildform zählt zu den leicht zu ziehenden Orchideen.

Übersetzt man den sprichwörtlichen »grünen Daumen« in der Form, dass jemand die Bedürfnisse der Pflanze versteht, dann bedeutet Orchideen bei sich zu Hause erblühen zu lassen weder Zauberei noch pures Glück! Wenn man die vitalen Bedürfnisse der Atmung, Photosyntese und Transpiration, die im vorigen Kapitel erläutert wurden, respektiert, ist man auf dem besten Weg zu einer erfolgreichen Kultur. Die natürliche Umwelt, in der die Orchideen sich wohl fühlen, enthält ganz von selbst alles, was sie zum Leben brauchen. Hingegen bietet die Umgebung in unseren Häusern ihnen recht wenig. Hier greift der Mensch ein, wirkt als »Vermittler«, der auf ihre Bedürfnisse eingeht, indem er sie mit Wasser, Luftfeuchtigkeit, Licht und Nährstoffen versorgt.

DIE RICHTIGE WAHL EINER ORCHIDEE

Zunächst einmal sollten Sie versuchen herauszufinden, welche Orchideen zu Ihrer Wohnung passen (In welcher Himmelsrichtung liegt der Standort? Wie ist es um die Möglichkeiten bestellt, die Temperatur zu verändern?) Legen Sie beim Erwerb außerdem mehr Wert auf die Gesundheit der Pflanze als auf die Schönheit ihrer Blüten! Eine Pflanze, deren Kräfte abnehmen, kann durchaus herrliche Blüten tragen, die von ihrem Zustand nichts ahnen lassen! Untersuchen Sie deshalb die Blätter, die Pseudobulben und den Zustand der Wurzeln: Wie wir gesehen haben, sind sie ausgezeichnete Indikatoren für den Gesundheitszustand der Orchidee.

Die Blätter dürfen keine schwarzen, braunen oder gelben Flecken aufweisen (es sei denn, es handelt sich um eine natürliche Pigmentierung). Ihre Oberfläche muss glatt sein; sind sie faltig oder weich und hängen unnatürlich herunter, haben Sie eine Pflanze mit Wassermangel vor sich.

Die Pseudobulben müssen grün sein und dürfen auf keinen Fall braune oder schwarze Stellen aufweisen. Je nach Gattung können sie etwas faltig wirken, aber nie flach und ohne Substanz. Es ist ebenso ein gutes Zeichen, wenn sich gerade ein junger Trieb an ihrer Basis entwickelt, denn das garantiert die Lebenskraft der Pflanze.

Die Pflanze muss fest in ihrem Topf sitzen: Das weist darauf hin, dass ihre Wurzeln gesund und in ausreichender Zahl vorhanden sind. Wenn sie nicht gerade umgetopft worden ist, darf die Orchidee nicht locker sitzen. Ist dies doch der Fall, weist dies auf ein geschädigtes Wurzelsystem hin. Die Wurzeln außerhalb des Topfes, die je nach Gattung und Zeitpunkt des letzten Umtopfens mehr oder weniger zahlreich vorhanden sind, müssen im Wachstum begriffen, fest und steif sein.

LICHT

Je mehr Licht vorhanden ist, umso mehr Wasser und Nährstoffe (die wir ihr geben) verbraucht die Pflanze, umso stärker wächst und blüht sie also. Ist hingegen die Beleuchtung schwach, was der Fall sein

Mit einem Fenster in die richtige Himmelsrichtung und einer halb mit Wasser gefüllten Schale voller Blähton lassen sich die idealen Bedingungen für Orchideen leicht schaffen.

kann, wenn die Pflanze ungünstig steht oder die Jahreszeit uns ihre klimatischen Bedingungen aufzwingt, »trinkt« die Orchidee weniger und ihr Wachstum verlangsamt sich. Das lässt sich manchmal nicht ändern, bedeutet aber, dass wir nicht mehr so häufig gießen dürfen, damit sich nicht zu viel Wasser im Substrat ansammelt. Denn wenn das überschüssige Wasser nicht verbraucht wird, verfaulen die Wurzeln leicht und die Pflanze geht schließlich ein.

EINEN BEVORZUGTEN PLATZ ZUWEISEN

Alle Orchideen lieben Licht, und manche ganz besonders. Für ein optimales Kulturergebnis ist der richtige Platz im Haus entscheidend. Unabhängig von der Gattung müssen alle Pflanzen so dicht wie möglich an der Lichtquelle stehen: Unter einem Veluxfenster oder auf einer Fensterbank, wobei allerdings ein Abstand von etwa 25 cm eingehalten werden muss. Selbst wenn Ihnen Ihr Zimmer sehr hell erscheint – je weiter Sie die Pflanze vom Fenster entfernen, umso weniger profitiert sie vom Licht: Bei doppelter Entfernung vom Fenster kommt nur noch die halbe Lichtmenge an.

Ein Beispiel, wie man Orchideen vor einem Fenster halten kann.

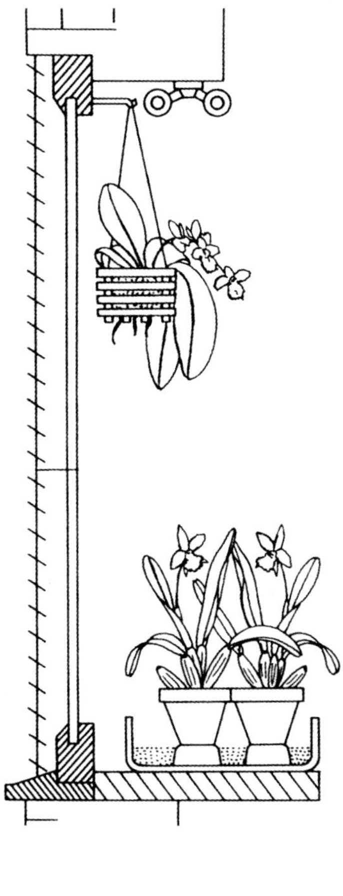

Es gibt keine ungeeignete Himmelsrichtung für die Orchideenkultur. An Nordfenstern können die Orchideen stehen, die am wenigsten Licht »verschlingen«, oder auch jene, die in den Sommermonaten kühle Standorte bevorzugen (wie *Phalaenopsis*, *Paphiopedilum*, *Masdevallia*, *Odontoglossum*, *Lycaste*, *Phragmipedium* usw.).

Wenn Ihre Fenster nach Süden liegen und einen Sonnenschutz aufweisen (in Form einer Gardine oder Jalousie), eignen sie sich bestens für alle Gattungen, besonders aber für *Cattleya*, *Oncidium* oder *Angraecum*. Auch diejenigen, die weniger Helligkeit brauchen, können dort stehen: Stellen Sie sie einfach hinter die »Lichthungrigen« oder weiter weg vom Fenster auf.

DIREKTE SONNE MEIDEN

Vorsicht bei zuviel Sonne! Sie kann tödliche Verbrennungen auf dem Laub hervorrufen. Deshalb sollten Sie von Ende Februar bis Mitte Oktober, besonders in den Mittags- und Nachmittagsstunden, eine direkte Sonneneinstrahlung auf die Pflanze vermeiden und unbedingt für Schatten bzw. für eine Schattiereinrichtung sorgen. Prüfen Sie im Zweifelsfall die Temperatur der Blätter mit der Hand: Sie dürfen sich nicht warm anfühlen. Nach Osten oder Westen ausgerichtete Fenster ermöglichen der Pflanze, ohne Verbrennungsgefahr von der Sonne zu profitieren.

Cattleya trianaei gehört zu den Orchideen, die viel Licht brauchen.

UNSERE PHANTASIE ZU IHREM NUTZEN

Um das Kapitel »Licht« abzuschließen, sei nur noch gesagt, dass die Pflanzen immer mehr Platz am Fenster einnehmen, je größer die Sammlung wird. Dadurch nehmen sie immer mehr Licht weg, aber sie beschatten sich auch gegenseitig, so dass man durch eine geeignete Anordnung dem individuellen Lichtbedarf Rechnung tragen kann. Rücken Sie ihre einzelnen Exemplare ruhig weiter auseinander, indem Sie sie, je nach Anspruch, auf Regale oder vor verschiedene Fenster stellen. Auch die Kultur unter einer künstlichen Lichtquelle kann sehr nützlich sein: Sie ist in nördlichen Ländern sehr verbreitet und erlaubt es, Platzmangel vor dem Fenster bzw. fehlendes Licht in den Wintermonaten oder bei schlechtem Wetter auszugleichen. Selbst Räume, die überhaupt kein natürliches Licht erhalten, erschließen sich damit für die Kultur.

DAS WICHTIGSTE ZUM THEMA LICHT

- Licht und Sonne ist nicht das Gleiche.
- Das Lichtangebot bestimmt den Gießrhythmus: Je mehr Licht Ihre Orchideen haben, desto schneller nehmen sie das Gießwasser auf und umso schneller wachsen sie.
- Auswirkungen von Lichtmangel:
  Wurzelfäule,
  Blätter verkümmern,
  Blüten bleiben aus,
  verlangsamtes Wachstum,
  Schwächung der Pflanzen.

TEMPERATUR

In der Natur unterliegen alle Orchideen den Temperaturschwankungen zwischen Tag und Nacht. Diese Differenzen, die je nach Jahreszeit und der Höhenlage unterschiedlich ausfallen, fördern das Wachstum und die Blütenentwicklung, besonders, wenn sie in den Monaten erfolgen, die der Blütezeit vorangehen. Diese Temperaturschwankungen erklären sich ganz einfach durch die Tatsache, dass die Sonne tagsüber die Temperatur ansteigen lässt, die dann nach Sonnenuntergang wieder abfällt.

Gleich ob nun die Orchideen aus einem warmen Klima stammen (Meereshöhe und niedrige Höhenlage) oder ob sie aus einem gemäßigten (mittlere Höhenlage) oder kalten Klima (größere Höhenlage) kommen – sie unterliegen unvermeidlich und natürlicherweise Temperaturschocks, die umso größer sind, je höher die Lage ist. Konkret bedeutet das, dass eine Orchidee, die in der Natur in 2000 m Höhe lebt, nicht blühen kann und rasch schwächelt, wenn sie in einem Raum mit gleich bleibender Temperatur gehalten wird.

Zur Orientierung: das Klima am natürlichen Standort

Wahrscheinlich bringen Sie Ihren Gesprächspartner in ziemlich Verlegenheit, wenn Sie die Klimadaten vom Herkunftsstandort der Orchidee verlangen, die Sie gerade erwerben möchten! Nun sind aber die Unterschiede zwischen den Herkunftsgebieten so groß, dass es nur wenige Menschen gibt, die die besonderen Ansprüche jeder Art kennen. Sie können jedoch Auskunft darüber verlangen, ob die Orchidee aus einem warmen, gemäßigten oder kalten Klima stammt, und welches Tages- und Nacht-Temperaturspektrum einzuhalten ist. So wissen Sie, ob die Bedingungen in Ihrem Haus zu den Ansprüchen der Orchideen passen, die Sie gern kultivieren wollen.
Zur Orientierung dient die Tabelle:

Temperaturunterschiede, die man einhalten sollte

	Tages-temperaturen	Nacht-temperaturen	Nacht-absenkung
warmes Klima	18 – 30 °C	16 – 25 °C	2 – 5 °C
gemäßigtes Klima	18 – 25 °C	13 – 16 °C	5 – 10 °C
kaltes Klima	15 – 20 °C	8 – 14 °C	mindestens 10 °C

Die Hybride *Phalaenopsis* 'Spica' × *P.* 'Sonnentau' ist eine Warmhaus-Orchidee und eignet sich hervorragend für die Zimmerkultur.

UND WIE ERHÄLT MAN DIE RICHTIGE TEMPERATUR?

WARMHAUS-ORCHIDEEN: IM SOMMER WIE IM WINTER

Diese Orchideen lassen sich nur im Haus ziehen. Sie sind ideal für die Zimmerkultur und finden sich ohne Weiteres mit dem vorgegebenen kleinen Temperaturunterschied (2 bis 5 °C) zwischen Tag und Nacht ab. Zu den Warmhaus-Orchideen gehört eine der Gattungen, deren Kultur sich besonders leicht gestaltet: *Phalaenopsis*.

Doch auch *Aerangis*, *Cochleanthes*, *Bollea*, *Vanda*, *Ascocentrum*, bestimmte *Oncidium*-Züchtungen und noch viele andere zählen zu dieser Gruppe.

ORCHIDEEN FÜR DIE TEMPERIERTE ODER KALTE KULTUR IM SOMMER

Sie besitzen einen schattigen Garten oder Balkon?

Orchideen für das temperierte Haus können im Juli und August draußen stehen. Wenn sie in den heißen Stunden vor der Sonne und – wenn nötig – vor Regen geschützt werden, bekommen ihnen sowohl die Temperaturunterschiede als auch die nächtliche Feuchtigkeit.

Kalthaus-Orchideen werden im Frühjahr ausquartiert (Ende Mai, nach den Eisheiligen) und im Herbst wieder vom Garten ins Haus geholt (Mitte September bis Mitte Oktober), je nachdem, welche Nachttemperaturen herrschen. (Diese dürfen nicht unter 8 bis 10 °C absinken.) Im Hochsommer leiden manche Kalthaus-Orchideen leicht unter der Hitze: Sie können sie davor schützen, indem Sie sie für diese Zeit in ein kühleres Zimmer stellen.

Die Kultur im Freien bedingt, dass die Pflanzen sehr unterschiedlichen und unregelmäßigen klimatischen Bedingungen ausgesetzt sind. So haben Wind, Regen, Trockenheit, Kälte oder Hitze einen direkten Einfluss darauf, wie schnell die Pflanzen das Gießwasser aufnehmen. Es ist also ratsam, doppelt aufmerksam zu sein, besonders, wenn die Töpfe klein sind. Schließlich trocknet die geringe Substratmenge, die darin enthalten ist, sehr rasch aus.

Die Hybride *Phragmipedium* 'Eric Young' × *P. besseae* stammt aus einem gemäßigtem Klima und kommt gut mit unseren Raumbedingungen zurecht.

Sie haben weder Balkon noch Garten?

Orchideen aus dem temperierten Haus verlangen Temperaturunterschiede um 5 bis 8 °C zwischen Tag und Nacht (Nachtabsenkung). Dobei genügt es schon, ein Fenster nachts zu öffnen oder die Pflanze nachts dicht an die Scheibe zu rücken, so dass sie die Temperaturabsenkung auch spürt. Die Kultur von Kalthaus-Orchideen ist allgemein nicht ratsam, wenn man die Pflanzen im Sommer nicht hinausstellen kann oder wenn die Wohnung weder im Sommer noch im Winter einen kühlen Raum aufweist.

■ ORCHIDEEN FÜR DIE TEMPERIERTE ODER KALTE KULTUR IM WINTER

Nachdem die Orchideen im Herbst wieder ins Haus umgezogen sind, sollte man sie zunächst von Wärmequellen fernhalten (wie Heizkörper, Kamin, Schornstein oder Fußboden bei Fußbodenheizung). Diese Vorsichtsmaßnahme soll sie weniger vor der Wärme schützen als vor dem Austrocknen.

Außerdem ist es wichtig, die jeweils benötigten Temperaturbereiche zu schaffen. Dafür gibt es einige hilfreiche Tricks:

– abends die Blattunterseiten besprühen

– die Pflanzen von November bis etwa Mitte Februar vor ein sehr sonniges, freies Fenster ohne Gardinen stellen. Dadurch erleben die Pflanzen einen höheren Unterschied zwischen der Tages- und der Nachttemperatur und Sie werden gleichzeitig dem Lichtbedarf der Pflanzen gerecht.

– Außerhalb der Frostperioden können Sie nachts ein Fenster kippen oder die Pflanzen dicht an die Scheibe rücken.

– Stellen Sie die Pflanzen tagsüber in ein warmes und nachts in ein kühles Zimmer.

DAS WICHTIGSTE ZUM THEMA TEMPERATUR

- Die meisten Orchideen passen sich perfekt den Temperaturen in unseren Wohnungen an.
- Temperaturunterschiede bilden die Voraussetzung für die Blütenbildung. Die einzuhaltende Temperaturamplitude richtet sich nach der Zugehörigkeit der Pflanze zum jeweiligen Klimabereich: warmes, gemäßigtes oder kaltes Klima.
- Die Temperatur beeinflusst, wie schnell die Pflanze Wasser aufnehmen kann: Je höher die Temperatur ist, umso häufiger muss gegossen werden (und umgekehrt).
- Schlecht angepasste Temperaturen haben zur Folge:
  Ausbleiben der Blüte,
  schlechtes Wachstum,
  Fäulnisgefahr an Blättern und Wurzeln.

WASSER

In der Natur ist das Leben der Orchideen eng mit der Allgegenwart des Wassers verbunden, das ihnen über tropische Regenfälle und die überaus hohe relative Luftfeuchtigkeit zuteil wird. Gießen und Sprühen sind daher in der Kultur lebensnotwendige Pflegemaßnahmen. Und da sie nicht mehr und nicht weniger eine einfache Imitation der natürlichen Verhältnisse bedeuten, erfordert die Wasserversorgung neben bestimmten Kenntnissen ein gewisses Maß an Beobachtungsgabe und Verständnis.

DIE WASSERQUALITÄT

Mit Ausnahme der (halb) terrestrisch lebenden Arten vertragen alle Orchideen nur sehr schwach salzhaltiges Wasser. Wenn nämlich das Gießwasser Mineralstoffe und besonders Kalzium (Kalk) in zu großer Menge enthält, kann die Pflanze sie nicht aufnehmen. Sie reichern sich auf den Blättern und Wurzeln an und bilden als Salzkrusten weißliche Ablagerungen, die dem pflanzlichen Gewebe Wasser entziehen und allmählich zum Tod der Pflanze führen.

Regenwasser

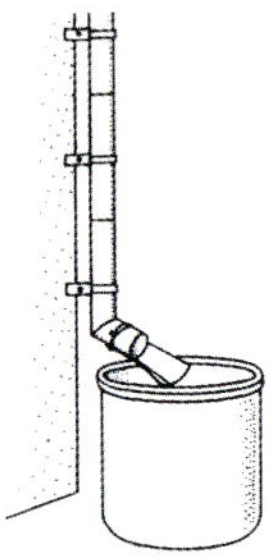

WELCHES WASSER KANN MAN VERWENDEN?

Regenwasser bekommt Orchideen bei weitem am besten, doch sollten Sie nicht unbedingt in einer Gegend mit hoher Luftverschmutzung leben. Wenn Regenwasser lichtgeschützt gelagert und eventuell künstlich mit Sauerstoff angereichert wird, bietet es den Orchideen ein ausgewogenes Verhältnis an Mineralstoffen. Es unterstützt die Austauschvorgänge im Pflanzstoff und fördert somit die Freisetzung der Nährstoffe.

salzarmes Mineralwasser

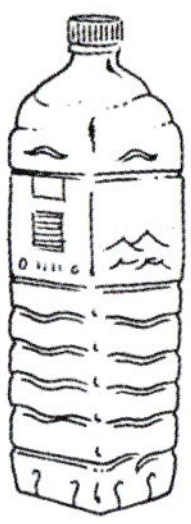

Wer kein Regenwasser auffangen kann und noch keine riesige Sammlung besitzt, kann salzarmes Mineralwasser verwenden, das einen niedrigen Kalziumgehalt aufweist. Seien Sie also anspruchsvoll und vergleichen Sie die auf dem Flaschenetikett angegeben Salzwerte. Als Richtschnur dient ein Gehalt von 10 g Kalzium pro Liter.

Eine weitere Möglichkeit ist die Verwendung von entionisiertem Wasser. Es wird durch eine äußerst feine Membran gefiltert und da die Schwebstoffe im Wasser größer sind als die Membranlöcher, werden sie von dieser aufgefangen. So oder ähnlich aufbereitetes Wasser wird häufig von Aquarienbesitzern verwendet und ist in

Aquariengeschäften erhältlich. Es ist vor allem wegen seiner Reinheit beliebt – die Qualität täuscht aber: Da es keine Spurenelemente mehr enthält, kommt es bei der Orchideenkultur nur ausnahmsweise oder ausschließlich als Sprühwasser für die Blätter in Frage.

Hingegen ist eine Mischung aus 50 % Leitungswasser und 50 % »Osmosewasser« geeignet, einen Ausgleich zwischen den beiden zu schaffen.

Ebenfalls im Handel erhältlich sind Kohlefilter (z. B. der Marke »Brita«), mit denen Kalk und Chlor aus dem Leitungswasser entfernt werden können. Sie werden im Allgemeinen schon eingebaut in Ausgießformen (Krüge oder Gießkannen) angeboten, was zugleich praktisch und preiswert ist. Denken Sie daran, grundsätzlich mit zimmerwarmem Wasser zu gießen.

gefiltertes Leitungswasser

DAS WICHTIGSTE ZUM THEMA WASSER

- Mit Ausnahme bestimmter Orchideen wie *Paphiopedilum* und *Cymbidium* verträgt keine Orchidee kalkhaltiges Wasser.
- Verwenden Sie am besten: Regenwasser, gefiltertes Wasser, salzarmes, kohlensäurefreies Mineralwasser, entionisiertes Wasser zusammen mit Leitungswasser, kalkarmes Leitungswasser, kohlegefiltertes Wasser (z. B. mit »Brita«-Filtern).
- Auf keinen Fall verwendet werden darf: destilliertes oder entmineralisiertes Wasser, hartes Leitungswasser (selbst in abgesetztem Wasser bleibt Kalk enthalten), Wasser, das mit ein paar Tropfen Zitronensaft oder Essig »verbessert« wurde.

GIESSEN

Wenn manche Orchideenbesitzer vom Gießen sprechen, kann man den Eindruck gewinnen, es handle sich bei diesem Vorgang um einen Dialog mit ihren Pflanzen. Tatsächlich muss einem bedarfsgerechten Gießen eine »Inspektion« der Pflanzen vorausgehen, um abzuschätzen, wie es um den Wasserbedarf der Pflanze steht.

WIE GIESST MAN RICHTIG?

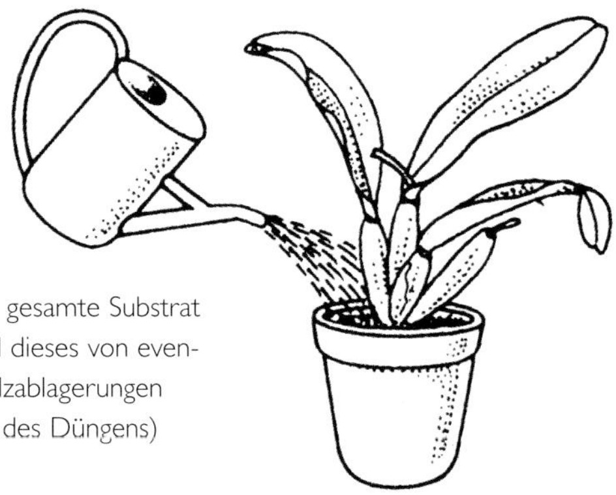

Den Topf von oben gießen: Dabei wird das Wasser etwa zehn Sekunden lang rings um die Pflanze auf das Substrat gegossen. Es kann sich dann so weit vollsaugen, dass die Wurzeln daraus bis zum nächsten Gießen genug Feuchtigkeit ziehen können. Dadurch, dass das Wasser durch das gesamte Substrat rinnt, wird dieses von eventuellen Salzablagerungen (als Folge des Düngens) gereinigt.

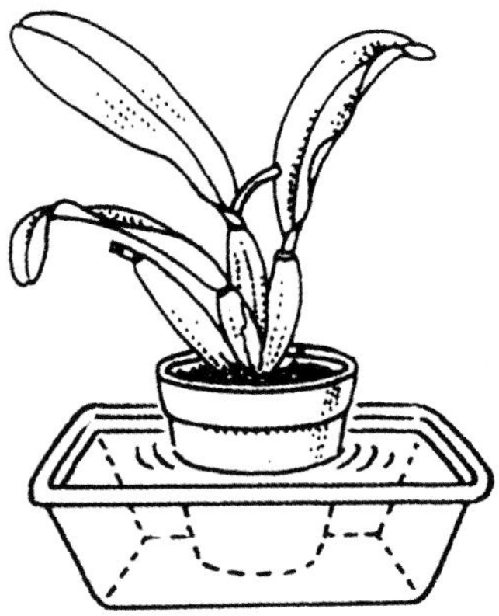

Wässern durch teilweises Eintauchen des Topfes: Bei dieser Methode wird der Topf für fünf bis sechs Sekunden lang zu zwei Drittel in ein mit Wasser gefülltes Gefäß gestellt, so dass sich die Feuchtigkeit gut im Topf verteilt. Allerdings ist es ratsam, dasselbe Wasser für nicht mehr als zwei oder drei Pflanzen zu verwenden, damit keine Krankheiten übertragen werden.

In beiden gezeigten Fällen ist es ratsam, das Wasser gut durch den Topf laufen zu lassen, bevor man die Pflanze wieder in den Übertopf stellt. Der Boden eines Orchideentopfes darf nie im Wasser stehen. Dieser Fehler ist der häufigste Grund für Wurzelfäule.

WIE OFT MUSS ICH GIESSEN?

Der Wasserverbrauch pro Pflanze steht in unmittelbarem Zusammenhang mit ihrer Umgebung. Ein paar Faktoren sind hier zu berücksichtigen:

– Temperatur und Lichtintensität: Je höher sie sind, umso schneller verbraucht die Pflanze das Gießwasser.

– Die Qualität des Substrats: Rindensubstrat speichert weniger Wasser als bestimmte andere Substrate wie Steinwolle oder Torf.

– Die Struktur der Rinde: Je feiner sie ist, desto langsamer trocknet sie aus.
– Die Jahreszeit: Je kürzer die Tage sind, umso weniger Wasser verbraucht die Pflanze.
– Das Vegetationsstadium: Eine Pflanze, die neue Wurzeln oder Triebe entwickelt, verlangt häufigeres Gießen.
– Die Größe des Topfes: Je kleiner er ist, umso rascher trocknet das Substrat aus.
– Das Material des Pflanzgefäßes: Pflanzen in Kunststofftöpfen müssen weniger häufig gegossen werden als Pflanzen in Tontöpfen, Gittertöpfen oder Körben.
– Die Luftfeuchtigkeit in der Umgebung: Je höher sie ist, desto langsamer absorbiert die Pflanze das Gießwasser.

WANN SOLL ICH GIESSEN?

Es ist nicht leider möglich, einen präzisen Gießplan zu entwickeln, da der Wasserbedarf der Pflanzen je nach Umweltbedingungen variiert. Jedoch lässt sich am besten am Gewicht des Topfes abschätzen, ob eine Orchidee gegossen werden muss. Die meisten Profis wenden diese unfehlbare Methode an, und sie werden nicht müde zu betonen, dass nichts – nicht einmal der perfektionierteste Computer – ihr persönliches Urteil aufwiegen kann.

Wollen Sie den Bedürfnissen der Pflanze entsprechend gießen, sollten Sie sich angewöhnen, die Pflanzen nach jedem Gießen hochzuheben: Dann ist der Topf schwer. Drei bis vier Tage später wird sein Gewicht erneut kontrolliert: Wenn er nicht deutlich leichter geworden ist, warten Sie mit dem Gießen (selbst wenn das Substrat »sichtlich« und »fühlbar« trocken scheint); ist er hingegen leicht geworden, gießen Sie. Mit zunehmender Erfahrung werden Sie bald feststellen, dass Sie Ihre Pflanzen auch ohne »Wiegen« richtig gießen – Sie lernen, die Umweltfaktoren zu erkennen, die die Gießhäufigkeit beeinflussen. Da Licht und Temperatur die wichtigsten Faktoren sind, die den Wasserverbrauch der Pflanze bestimmen, macht abendliches Gießen wenig Sinn, denn die

Lycaste 'Delphine' ist eine sehr blühfreudige Sorte. Die majestätisch anmutenden Lykasten duften häufig. Sie werden unter mäßig kalten Bedingungen gezogen.

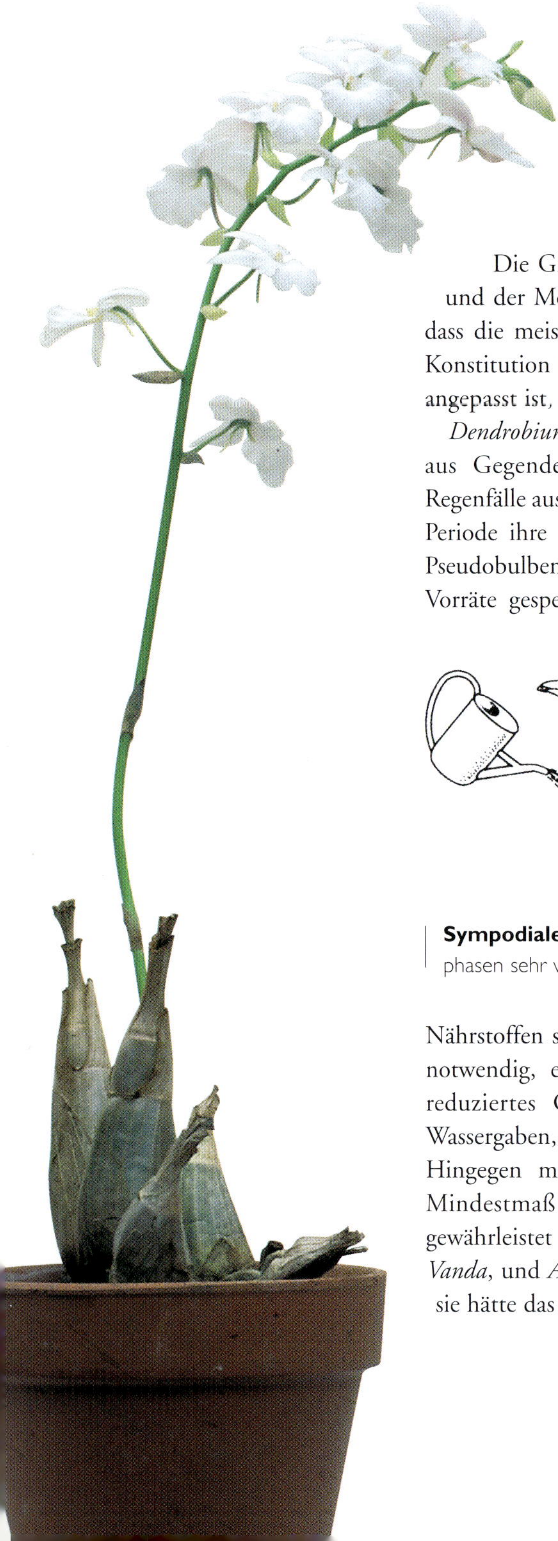

Orchide wird vor dem nächsten Morgen kaum etwas davon aufnehmen. Dafür haben wir eine unnötig lange befeuchtete Oberfläche, und die Pflanze erkrankt leicht an Wurzelfäule.

MUSS ICH DAS GANZE JAHR ÜBER GIESSEN?

Die Gießhäufigkeit hängt von der geographischen Herkunft und der Morphologie der Pflanze ab. Wir haben bereits gesehen, dass die meisten sympodialen Orchideen (mit Pseudobulben) eine Konstitution haben, die perfekt auf die Besonderheiten des Klimas angepasst ist, das sie in freier Natur vorfinden.

Dendrobium, *Lycaste* und *Thunia* zum Beispiel sind Gattungen, die aus Gegenden stammen, wo sie mehrere Monate lang ohne Regenfälle auskommen müssen. Die Pflanzen haben zu Beginn dieser Periode ihre aktive Vegetationsphase abgeschlossen, das heißt, die Pseudobulben sind ausgereift und haben während der Regenzeit die Vorräte gespeichert, aus denen sie ein Minimum an Wasser und

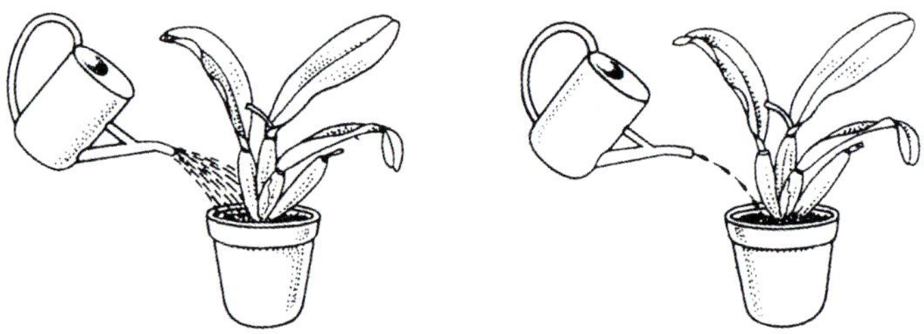

Sympodiale Orchideen: In Vegetationsperioden normal gießen, in Ruhephasen sehr wenig oder gar nicht.

Nährstoffen schöpfen können. In der Kultur ist es dann unbedingt notwendig, eine Ruhezeit einzuhalten. Man erreicht dies durch reduziertes Gießen oder sogar durch völliges Einstellen der Wassergaben, je nach Herkunft der betreffenden Gattung oder Art. Hingegen muss während der Ruhezeit unbedingt ein gewisses Mindestmaß an relativer Luftfeuchtigkeit (mindestens 75 %) gewährleistet sein. Monopodiale Orchideen vom Typ *Phalaenopsis*, *Vanda*, und *Aerangis* usw. kommen nicht ganz ohne Gießen aus, für sie hätte das rasch fatale Konsequenzen.

WIE ERHÄLT MAN DIE LUFTFEUCHTIGKEIT DER TROPEN?

Dier Luftfeuchtigkeit ist zweifellos der Faktor, der sich am schwierigsten in einem Haus oder in der Wohnung nachvollziehen lässt. Doch einige einfache Methoden ermöglichen es auch dem Hobbygärtner, auf eine Luftfeuchtigkeit von 65 bis 70 Prozent zu kommen. Luftfeuchtigkeit und Gießen sind aber nicht dasselbe – es kommt auf ein ausgewogenes Verhältnis zwischen Luft- und Ballenfeuchtigkeit an. Das Wohlbefinden und die Entwicklung Ihrer Orchideen hängen von der Feuchtigkeit der Umgebungsluft ab.

Um die in unseren zentral geheizten Wohnungen herrschende Lufttrockenheit auszugleichen, vor allem im Winter oder in der heißen Jahreszeit, empfiehlt es sich, die zwei folgenden Methoden miteinander zu kombinieren:

Linke Seite: *Calanthe vestita*, eine ungewöhnliche Art, wirft ihr Laub ab.

DIE PFLANZEN TÄGLICH BESPRÜHEN

Blattunterseiten, Luftwurzeln und die Oberfläche des Substrats werden mit salzarmem mineralisiertem Wasser eingesprüht. Dabei muss ein leichter Nebel entstehen, aber kein tropfnasser Regen. Sie tun ihren Orchideen nichts Gutes, wenn sie fertig gekaufte Sprühflaschen mit Quellwasser verwenden, denn leider haben die fraglichen Quellen einen sehr hohen Mineralstoffgehalt.

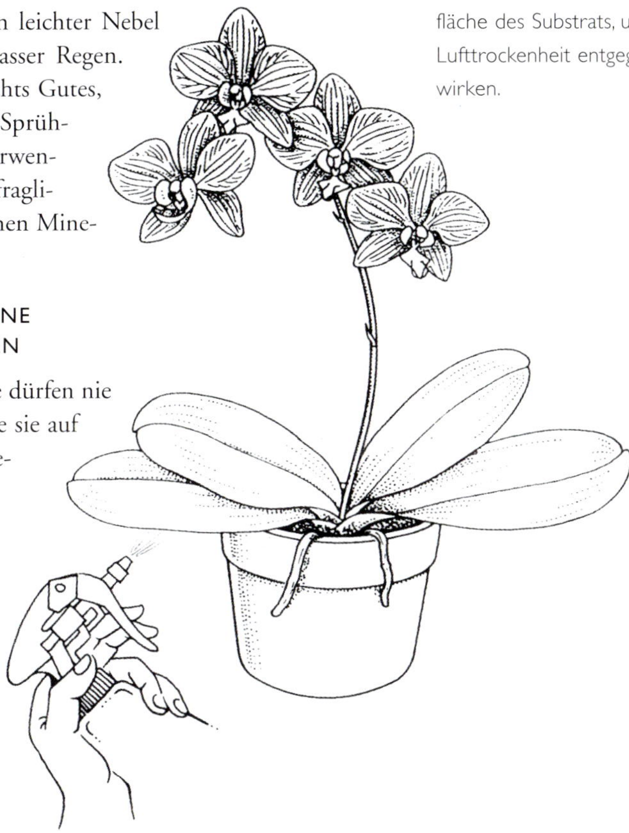

Besprühen Sie die Blattunterseiten und die Oberfläche des Substrats, um der Lufttrockenheit entgegenzuwirken.

DIE PFLANZEN ÜBER EINE WASSERSCHALE STELLEN

Wichtig dabei ist: Die Töpfe dürfen nie im Wasser stehen. Stellen Sie sie auf ein Gitter oder auf umgedrehte Töpfe, ansonsten tritt als unvermeidliche Folge Wurzelfäule auf.

Je breiter die Schale im Verhältnis zu dem Platz ist, den die Töpfe einnehmen, desto höher ist die Wasserverdunstung und somit der Nutzen für die Pflanzen.

VERWENDUNG EINES ULTRASCHALL-LUFTBEFEUCHTERS

Das Gerät wird in die Nähe der Pflanzen gestellt und verteilt das Wasser in Form eines feinen Nebels. Allein oder als Ergänzung zu anderen Methoden, spendet der Vernebler um die Pflanzen herum eine ausgezeichnete Luftfeuchtigkeit.

VERTROCKNEN: URSACHEN, SYMPTOME UND BEHANDLUNG

URSACHEN

Das Vertrocknen der Pflanze ist die bekannteste und schlimmste Folge eines Luftfeuchtigkeitsmangels oder falschen Gießens. Das Vertrocknen aufgrund unzureichenden Gießens muss wohl nicht erklärt werden, Vertrocknen wegen zu reichlicher Wassergaben überrascht aber stets! Doch selbst, wenn das widersprüchlich erscheint, kommt der letztgenannte Fall am häufigsten vor: Viele Anfänger haben Angst, ihre Orchidee schlecht zu versorgen und gießen aus lauter Vorsicht so häufig, wie sie es für nützlich halten. In gutem Glauben verabreichen sie ihrer Pflanze zu häufig zu viel Wasser, so dass diese dem höllischen Rhythmus schließlich nicht mehr folgen kann und, übersättigt wie sie ist, das Wasser nicht mehr aufnimmt. Die Wurzeln faulen und versorgen die Pflanze nicht mehr mit Wasser, so dass diese nach und nach austrocknet. Zu den weniger häufigen Gründen, warum eine Pflanze vertrocknet, zählt die Verwendung zu stark salzhaltigen Wassers oder die Nähe einer zu starken Wärmequelle.

gesunde Pflanze

SYMPTOME

Wenn die Blätter ihre Spannkraft verlieren, faltig und unnatürlich weich werden oder wenn die Pseudobulben welken und zusammenfallen, haben Sie die deutlichsten Zeichen für Trockenheitsschäden vor sich.

BEHANDLUNG

Trockenheitsschäden durch Wassermangel sind leichter wieder gutzumachen, als wenn es sich um die Folgen übermäßigen Gießens handelt. Je nach Ursache ist eine andere Behandlung nötig. Im ersten Fall genügt es, das regelmäßige Gießen wieder aufzunehmen, wobei eine Methode das teilweise Eintauchen des Topfes in einen Eimer Wasser ist.

Im zweiten Fall muss das Gießen eingestellt und für einen sehr hohen Feuchtigkeitsgehalt der Luft um die Pflanze herum gesorgt werden, bis neue Wurzeln erscheinen. Danach kann man wieder nach und nach mit dem Gießen beginnen.

Wenn die Pflanze unter der Verwendung eines zu stark salzhaltigen Wassers gelitten hat, wischt man am besten die Salzablagerungen ab, die die Spaltöffnungen (Stomata) auf der Blattunterseite verstopfen: am besten mit Watte, die mit entmineralisiertem Wasser getränkt wurde.

Pflanze mit Wassermangel

UMTOPFEN

Es wird oft vergessen, als riskant oder nebensächlich beurteilt, dabei ist das Umtopfen eine unverzichtbare Pflegemaßnahme, die, wenn sie vorsichtig und zu einem günstigen Zeitpunkt erfolgt, die Lebensqualität Ihrer Orchideen nur verbessern kann.

DAS WICHTIGSTE ZUM THEMA GIESSEN UND SPRÜHEN

- Niemals stark kalkhaltiges (hartes) Wasser verwenden.
- Morgens gießen.
- Von oben auf das Substrat gießen oder durch rasches Eintauchen des Topfes (zu etwa zwei Drittel) wässern.
- Das Wasser gut ablaufen lassen, bevor die Pflanze wieder an ihren Platz gestellt wird.
- Mit dem nächsten Gießen abwarten, bis der Topf leichter geworden ist.
- Die Pflanzen täglich einsprühen und über ein mit Wasser gefülltes Gefäß stellen.
- Die Töpfe nie im Wasser stehen lassen.
- Die Folgen durch zu reichliches Gießen sind schlimmer als jene aufgrund von Wassermangel.

WARUM UND WANN WIRD UMGETOPFT?

Rechtzeitiges Umtopfen schützt die Pflanze vor schädlichem Einfluss durch die Abbauprodukte des Substrates. Diese führen zu Salzanreicherungen und behindern die Luftzufuhr im Wurzelbereich. Außerdem beugt es einem Mangel an »Lebensraum« vor, der das Wachstum der Pflanze stark behindern würde. Es darf nie umgetopft werden, wenn die Pflanze blüht oder kurz davor steht. Am besten topft man kurz nach der Blüte oder deutlich davor um, wobei man die Monate des Jahres mit kurzen Tagen (November bis Mitte Februar) besser meidet.

Der ideale Zeitpunkt ist dann, wenn die Pflanze in ihrer aktivsten Wachstumsphase ist: Bei monopodialen Ochideen (z. B. *Phalaenopsis*) erscheint ein neuer Wurzelkranz und eventuell ein neues Blatt.

Bei sympodialen Orchideen (z. B. *Cymbidium*) beginnen Neutriebe an der Basis der Pseudobulben zu wachsen.

Mit Ausnahme von *Paphiopedilum* sowie Jungpflanzen, die jedes Jahr umgetopft werden müssen, erfolgt das Umtopfen alle zwei Jahre.

DIE ORCHIDEE ZEIGT AN, DASS SIE FRISCHES SUBSTRAT BRAUCHT

Wenn man eine Orchidee erwirbt, weiß man oft nicht, wann sie das letzte Mal umgetopft wurde; doch kann man in den meisten Fällen davon ausgehen, dass dies etwa ein Jahr zuvor geschehen ist und deshalb auch erst frühestens in zwölf Monaten wieder erfolgen darf. Diese Vermutung setzt voraus, dass die Pflanze keine deutlichen Zeichen aufweist, die ein Umtopfen dringend nötig machen, wie:

– ein zu kleiner Topf im Verhältnis zur Masse der Wurzeln, die sich schon reichhaltig außerhalb des Topfes entwickeln.

– die Entwicklung von Pseudobulben außerhalb des Topfes oder dicht am Rand.

– ein für die Kultur ungeeignetes, nicht von Profis zusammengestelltes Substrat, oder eines, das zu sehr von dem gewohnten abweicht: Steinwolle, Torf, Substrate aus Synthetikschaum. Manche Großgärtnereien verwenden diese Materialien gern, besonders, wenn die Bewässerung automatisch erfolgt.

– die Pflanze hat viele Wurzeln verloren. Dann ist der Topf im Verhältnis zur Wurzelmasse zu groß und muss ihr angepasst werden.

Orchideen, die umgetopft werden müssen: oben eine monopodiale *(Phalaenopsis)* und links eine sympodiale Orchidee *(Cattleya)*.

Als Voraussetzung dafür, dass die Pflanze gut anwachsen kann, muss sie bereits einen neuen Wurzelkranz oder einen neuen Trieb gebildet haben. Ist dies nicht der Fall, sollte man lieber abwarten, besser nicht zuviel gießen und für eine ideale Luftfeuchtigkeit um die Pflanze herum sorgen.

DIE WAHL DES SUBSTRATS

»Aber wie können sie denn in Rinde leben? Sie brauchen doch Nahrung, also etwas Erde!« Diese Überlegung hört man häufig, und sie macht deutlich, wie schwierig es ist, die epiphytische Lebensweise der Orchideen zu verstehen. Man kann gar nicht oft genug wiederholen, dass diese Pflanzen im Naturzustand auf Baumstämmen und -ästen leben, die sie nur als Unterlage benutzen, um sich festzuhalten, und nicht als Nahrungsquelle (was sie von Schmarotzerpflanzen unterscheidet!).

Die Orchideenwurzeln müssen »atmen« können, sie absorbieren Feuchtigkeit und nutzen den Regen als Feuchtigkeitsspender aus. Das Substrat ist als reine Kulturunterlage zu betrachten, die sich so weit wie möglich dem annähern soll, was die Pflanze in einer natürlichen Umgebung vorfindet.

Man muss dringend umtopfen, aber die Jahreszeit oder der Zustand der Pflanze erlauben dies nicht?

Es gibt eine Übergangslösung: Stellen Sie die Pflanze samt Topf in einen zweiten, größeren Topf und füllen Sie den Zwischenraum mit Substrat. So kann die Pflanze gut abwarten, bis der geeignete Moment zum Umtopfen gekommen ist.

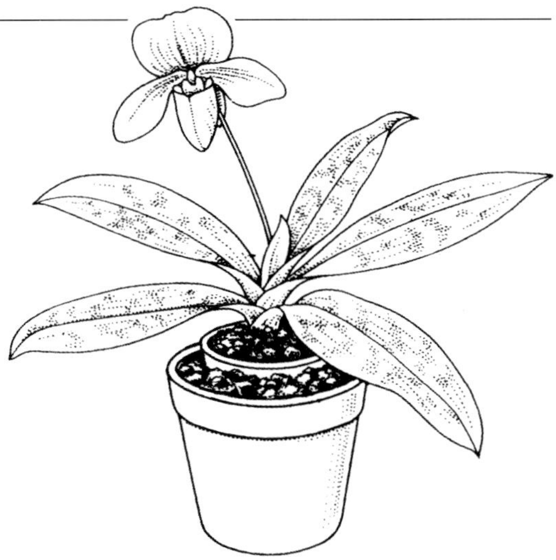

SUBSTRATE AUF RINDENBASIS

Klassisch, aber perfekt, sind Substrate, die aus zerkleinerter Kiefernrinde (80 bis 90 Prozent), Blähton (10 bis 20 Prozent) und eventuell etwas Styropor bestehen. Sie sind am besten an die Zimmerkultur angepasst und entsprechen hervorragend den Bedürfnissen der epiphytisch lebenden Orchideen. Die Rinde speichert das Wasser, das die Pflanze braucht, der Ton und das Styropor gewährleisten die Dränage und die Belüftung. In den meisten Orchideengärtnereien werden Substrate auf Rindenbasis verwendet. Sie haben den Vorteil, dass selbst noch nicht so geübte Hobbygärtner die Gießmenge leicht abschätzen können. Die geringen Nachteile wie der Zeitaufwand bei der Aufbereitung sowie die durchschnittliche Verrottungsdauer von zwei Jahren wiegen dagegen nicht so schwer.

Dieses ideale Substrat für die Orchideenkultur setzt sich zusammen aus Kiefernrinde, Styropor und Blähton.

SPHAGNUM

Sphagnum ist ein natürliches Torfmoos, das in Mooren vorkommt und Wasser kapillar weiterleitet. Es empfiehlt sich für die Kultur von Orchideen, die gern in einem ständig feuchten Substrat wachsen, wie *Paphiopedilum* und *Phragmipedium*, denn es hat die Besonderheit, das Gießwasser zu speichern, wobei es zugleich ganz natürlich einen Überschuss reguliert. Außerdem besitzt es antiseptische Eigenschaften. Es wird als Mischung mit einem feinkörnigen Substrat auf Rindenbasis verwendet, und zwar im Verhältnis 1 : 1. Eine zusätzliche (Blatt-)Düngung ist ebenso nötig wie häufiges Umtopfen (alle sechs bis zwölf Monate).

Pur eingesetzt, fördert es wunderbar die Bildung neuer Wurzeln und Triebe, weshalb dringend zu seiner Verwendung geraten wird, wenn eine Pflanze beschädigte Wurzeln hat. Sobald aber das Wachstum neu einsetzt, muss die Pflanze wieder in ihr normales Substrat eingesetzt werden. Und nicht zu vergessen: es bedarf einer zusätzlichen (Blatt-)Düngung.

Das Sphagnum-Moos wird im Allgemeinen in getrockneter und gepresster Form verkauft und muss vor der Verwendung befeuchtet werden.

Sphagnum ist ein natürliches Torfmoos, das für die Kultur bestimmter Orchideen empfohlen wird, wie etwa für *Paphiopedilum* und *Phragmipedium*. Es wird frisch oder getrocknet verwendet.

WEITERE SUBSTRATE UND ZUSCHLAGSTOFFE

In der Praxis mischen Laien wie Profis oft ihr eigenes Substrat zusammen, wobei natürlich jeder seines als besonders wirkungsvoll einschätzt. Aus diesem Grund sieht man – so widersprüchlich dies auch scheinen mag – Orchideen, die hervorragend in zuweilen überraschenden Zusammensetzungen wachsen. Hier folgen einige Beispiele für die unterschiedlichen Zuschlagstoffe, die zum Teil auch als alleiniges Substrat dienen:

STEINWOLLE

Hierbei handelt es sich um dasselbe Material, das auch bei der Isolierung von Häusern zum Einsatz kommt. Es wird (zu Unrecht) von einigen Profis empfohlen und verwendet, verlangt aber vom Einzelnen langjährige Erfahrung in puncto Gießen. Denn durch ihre Fähigkeit, Wasser aufzunehmen und zu speichern, fördert Steinwolle auf bedenkliche Weise die Gefahr von Wurzelfäule. Hingegen verwandelt sich Steinwolle, wenn sie austrocknet, in eine Art Löschblatt, das den Wurzeln das darin enthaltene Wasser entzieht und dazu führt, dass die Pflanze austrocknet. Die sehr kompakte Steinwolle behindert so die Luftzirkulation im Wurzelbereich sowie ihre Atmungsfunktion.

Der Umgang mit Steinwolle beim Umtopfen verlangt einige Vorsichtsmaßnahmen, wie das Tragen von Handschuhen und Mundschutz, denn die Fasern können Haut und Atemwege stark reizen. Steinwolle kann pur oder zusammen mit einem feinkörnigen

Substrat auf Rindenbasis verwendet werden, jedoch stets mit Vorsicht. Sie kommt besonders für *Paphiopedilum*, *Phragmipedium*, *Lycaste*, *Cymbidium* in Frage.

■ TORF

Als ein wesentlicher Nachteil von Torf ist er oft zu nass oder zu trocken. Wenn man nicht absolut regelmäßig gießt, ist es schwierig, ihn »gerade eben feucht« zu halten. Torf hat die Tendenz, die im Dünger enthaltenen Salze zurückzuhalten und folglich Wurzelverbrennungen zu fördern. Eine Blattdüngung ist hier vorzuziehen, doch muss dann das Substrat zwischen jeder Düngergabe durch mindestens zweimaliges Gießen mit klarem Wasser »gespült« werden.

Torf ist kompakt und stellt so ein Hindernis für die Luftzirkuation um die Wurzeln herum dar. Somit eignet er sich kaum für Epiphyten. Hingegen kann Torf für die Kultur von terrestrisch oder halb-terrestrisch lebenden Orchideen empfohlen werden, die seine Wasserspeicherkapazität schätzen.

■ LAVA, TONSCHERBEN, BLÄHTON

In tropischen Zonen werden diese Materialien pur verwendet. Sie helfen, bei hoher Luftfeuchtigkeit Wurzelfäule zu vermeiden. In unseren Klimaten werden sie dem Grundsubstrat beigefügt oder unten in den Topf gegeben, um die Dränage und Luftzirkulation zu begünstigen. Sie haben den Vorteil, dass sie neutral sind und die Wurzelbildung im Topfinneren fördern.

■ UNBEHANDELTE HOLZKOHLE

Ein 1 cm^3 großes Stück Holzkohle besitzt zwei Milliarden Poren, auf deren Oberfläche Kohlenstoffatome sitzen, die in der Lage sind, giftige Moleküle anzuziehen und zu binden. Wird Holzkohle dem Grundsubstrat in demselben Maße beigegeben wie Tonscherben oder Blähton, stellt Holzkohle ein ausgezeichnetes Antiseptikum dar, das gut gegen Wurzelfäule wirkt und einer möglichen Entwicklung von Bakterien vorbeugt. Der Holzkohlezusatz ist empfehlenswert bei der Kultur von Orchideen, die häufige Wassergaben und recht kompakte Substrate brauchen (das ist der Fall z. B. bei *Paphiopedilum* und *Phragmipedium*). Dieses besondere Material würden Profis sicher viel häufiger verwenden, wenn es nicht so schwierig wäre, unbehandelte

Holzkohle zu bekommen (die nämlich nicht zum Grillen aufbereitet wurde). Denn Vorsicht: Behandelte Holzkohle »verbrennt« die Wurzeln!

WEINKORKEN

Korken von Rotweinflaschen (Orchideen scheinen Tannin zu mögen!) kann man durchschneiden und dem Grundsubstrat beimischen. Das vertragen besonders *Phalaenopsis* und *Vanda* gut.

DIE WAHL DES PFLANZGEFÄSSES

Es kommt generell weniger auf Material und Größe des Pflanzgefäßes an, zuallererst muss der Behälter einen guten Wasserabfluss gewährleisten. Ideal für die meisten Orchideen sind Holzkörbe, die eine gute Durchlüftung des Substrates gewährleisten und sich dekorativ aufhängen lassen.

Die Kultur im Korb (mit oder ohne Substrat) eignet sich hervorragend für *Cattleya, Vanda* und *Oncidium.*

KUNSTSTOFF- ODER TONTÖPFE?

Aus praktischen und ökonomischen Gründen sind die meisten Profi-Gärtner zur Verwendung von Kunststofftöpfen anstelle von Tontöpfen übergegangen. Nichts hindert jedoch Hobbygärtner daran, Tontöpfe zu verwenden, ganz im Gegenteil: Sie sind ästhetisch, stabilisieren die Pflanze, verbessern die Wurzelatmung, begrenzen die Risiken übermäßigen Gießens, und bei Kalthaus-Gattungen schützen sie die Wurzeln vor Überhitzung (z. B. *Masdevallia*, *Dracula*, *Disa*). Allerdings sind Töpfe aus Ton etwas teurer, erschweren das Herausnehmen der Pflanze beim Umtopfen (denn an ihren Poren haften die Wurzeln besonders gut). Tontöpfe verlangen häufigere Wassergaben (was für gießfreudige Gärtner jedoch eher ein Vorteil ist) und sie nehmen die im Dünger enthaltenen Salze auf. Übrigens kann ein Tontopf hervorragend als »Übertopf« für eine im Kunststofftopf gezogene Pflanze dienen.

WIE BESTIMMT MAN DIE RICHTIGE TOPFGRÖSSE?

Anfänger vermuten häufig, dass der Topf der Orchidee, die sie soeben erworben haben, zu klein ist und dass die Pflanze darunter leiden könnte. Doch darf man nicht vergessen, dass die meisten Orchideen, da sie ja Epiphyten sind, auch sehr gut ohne Topf auskommen könnten: Ein einfaches Stück Korkeichenrinde würde ihnen reichen, wenn sie in der Wohnung eine konstante Luftfeuchtigkeit von 70 bis 80 Prozent vorfänden.

Für die Topfgröße ist das Wurzelvolumen entscheidend, nicht die Größe der Pflanze. Wenn diese keine Wurzeln eingebüßt hat, genügt es, einen Topf auszusuchen, dessen Durchmesser nur um 1 oder 2 cm über dem liegt, aus dem sie gerade herausgewachsen ist: Wenn sie beispielsweise in einem Topf mit 12 cm Durchmesser steht, wählen Sie einen mit 13 oder 14 cm Durchmesser. Wollen Sie ganz sicher gehen, achten Sie darauf, dass die Wurzeln den Topf gut ausfüllen und sich nicht darin verlieren. Denn je größer das Volumen des Topfes ist, umso mehr Substrat braucht man, und umso mehr Wurzeln muss die Pflanze haben, damit sie rasch das Wasser verbrauchen kann, das im Pflanzstoff enthalten ist. Je weniger Wurzeln sie hat, desto weniger Gießwasser kann die Pflanze aufnehmen und umso größer ist die Fäulnisgefahr.

Dendrobium jenkinsii – was gibt es Natürlicheres und Ästhetischeres als eine Orchidee, die auf einem Korkblock kultiviert wird?

WIE TOPFT MAN UM?

VORBEREITUNG

Zunächst einmal sollte man sich das nötige Material zurechtlegen: Substrat in ausreichender Menge, eine Kollektion neuer Töpfe, eine gut geschliffene Gartenschere, einen Mülleimer für das alte Substrat und einen kleinen Gaskocher für die Sterilisation der Gartenschere (bei jeder einzelnen Pflanze neu desinfizieren). Schütten Sie das Substrat als Haufen auf den Arbeitstisch, feuchten Sie es an und lassen Sie es ruhen, damit es Zimmertemperatur annimmt.

Schneiden Sie mit der in der Flamme sterilisierten Schere die Blütenstände sowie alte Blätter ab. Halten Sie nun die Pflanze mit dem Topf nach oben über den Mülleimer und ziehen Sie die Pflanze leicht nach unten, bis sie aus dem Topf herausgleitet (das gelingt leichter, wenn Sie die Pflanze zuvor tauchen). Es ist möglich, dass die Wurzeln fest an den Topfwänden haften und schwer zu lösen sind; nehmen Sie in diesem Fall den Topf in eine Hand, halten Sie die Pflanze mit der anderen fest, um Erschütterungen zu mildern, und schlagen Sie die Oberkante des Topfes auf die Tischkante, bis sie spüren, dass sich die Wurzeln lösen. Falls es so immer noch nicht gelingt, zerschlagen Sie den Topf bzw. zerschneiden Sie ihn. Das ist

Umtopfen sympodialer Orchideen (hier *Cattleya*): Die alten Pseudobulben müssen entfernt werden.

Beschädigte oder überzählige Wurzeln werden zurückgeschnitten bzw. entfernt.

besser, als zu viele Wurzeln zu beschädigen. Haben Sie keine Angst, ein paar Wurzeln abzubrechen, das ist unvermeidbar.

Entfernen Sie dann das gesamte alte Substrat und versuchen Sie dabei, die Wurzeln zu entwirren, damit sie nicht aneinander haften. Wenn sie frei liegen, entfernen Sie alle abgestorbenen, beschädigten oder abgebrochenen Wurzeln und kürzen Sie die längsten um einige Zentimeter ein (selbst wenn Ihnen dies barbarisch erscheint!). Die Wurzeln lassen sich ohnehin nicht in den neuen Topf zwängen, ohne abzubrechen, und der Rückschnitt kräftigt sie eher.

Entfernen Sie bei dieser Gelegenheit auch gleich die alten Pseudobulben der sympodialen Orchideen *(Cymbidium, Cattleya, Odontoglossum),* indem Sie das Rhizom an ihrer Basis durchtrennen und eventuell die Pflanze teilen, wenn sie ausreichend viele Pseudobulben besitzt (wobei jeder Abschnitt mindestens vier oder fünf kräftige Pseudobulben behalten muss). Nach diesem Arbeitsschritt ist es angebracht, die Wurzeln kurz in eine Fungizidlösung zu tauchen. Diese Maßnahme ist nicht unbedingt nötig, doch sie beugt der Fäulnisgefahr vor. Damit die kleinen Wunden gut verheilen können, die durch die Wurzelsäuberung entstanden sind, warten Sie ein paar Stunden (8 bis 24 Stunden), bis Sie die Pflanze wieder eintopfen. Durch den Kontakt der

Umtopfen monopodialer Orchideen (hier *Phalaenopsis):* Die alten Wurzeln bilden eine dichte Masse, über der ein neuer Wurzelkranz entsteht. Diese Masse muss entwirrt und gesäubert werden.

Sympodiale Orchideen: Es ist wichtig, die alten Pseudobulben dicht am Topfrand unterzubringen, so dass in der Mitte des Blumentopfes Platz für die Entwicklung neuer Pseudobulben bleibt.

angeschnittenen Teile mit der Luft trocknen sie an und so sind sie vor einer möglichen Ansteckung durch Pilze oder Bakterien geschützt (die zwar selten, aber möglich ist).

DAS EINPFLANZEN

Prüfen Sie, ob die Größe des Topfes wirklich dem Wurzelvolumen entspricht. Legen Sie den Topfboden mit Styroporstücken aus, um den Wasserabfluss und die Luftzirkulation zu verbessern und decken Sie etwas Substrat darüber.

Halten Sie die Pflanze mit einer Hand über den Topf und senken Sie sie ab, wobei Sie mit der anderen Hand die Wurzeln »einsortieren«. Diese müssen ausreichend Abstand voneinander haben, und die Pflanze muss unbedingt mittig im Topf stehen. Handelt es sich jedoch um eine sympodiale Pflanze *(Cattleya, Laelia, Dendrobium* usw.), platzieren Sie sie so, dass die jungen Triebe einen gewissen Abstand zum Rand haben, auch wenn die älteren Pseudobulben dabei dicht an den Rand geraten.

Wenn der Wurzelhals (Verbindungsstelle zwischen Wurzeln und Spross) oder die neuen Triebe (die an der Basis der Pseudobulben erscheinen) auf der Höhe der Topfoberkante liegen, beginnen Sie, Substrat einzufüllen, wobei Sie die Pflanze gut an Ort und Stelle festhalten. Schütten Sie mit der freien Hand Substrat zwischen alle

Monopodiale Orchideen: Die Pflanze wird mittig im Topf und in Bezug auf die Oberkante des Behälters leicht erhöht festgehalten. Ergebnis: Die *Phalaenopsis* steht korrekt mitten im Blumentopf.

Wurzeln und füllen Sie den Topf gut auf; es darf kein freier Raum zwischen den Wurzeln bleiben; diese müssen vollständig bedeckt sein. Nehmen Sie schließlich den Topf in beide Hände (wobei Sie die Pflanze festhalten) und klopfen Sie mit dem Topfboden auf den Tisch. Dadurch wird die Orchidee endgültig in ihrem Topf gefestigt und es wird gewährleistet, dass das Substrat tatsächlich alle Zwischenräume ausfüllt. Häufig kann noch ein bisschen Substrat nachgefüllt werden.

Manchmal muss die Pflanze gestützt werden, damit sie fest oder auch in einer bestimmten Position im Topf steht. Das ist bei den meisten Orchideen nötig, die eine gewissen Höhe besitzen (wie *Cattleya*, *Laelia*, *Vanda* usw.) oder ein im Verhältnis zum Wurzelvolumen sehr ausladendes Blattwerk. Die Stütze kann unter Umständen entfernt werden, wenn die Wurzeln ausreichend festgewachsen sind und ihre natürliche Funktion als Haltungsorgan erfüllen. Monopodiale Orchideen (*Vanda*, *Angraecum* usw.) werden mit einem senkrechten Stab abgestützt, der dicht am Spross bis zum Topfboden in das Substrat gesteckt und an den die Pflanze gebunden wird. Bei sympodialen Orchideen muss man die jungen Triebe sehr vorsichtig behandeln: Die Stütze darf sie weder verletzen noch ihre Entwicklung behindern, und dazu genügt es, sie einfach an einer älteren Pseudobulbe zu befestigen. Es können mehrere Stützen nötig sein. Eine Stütze darf nie direkt an der Topfwand angebracht werden.

NACH DEM UMTOPFEN

Das Umtopfen bedeutet immer einen Schock für die Pflanze, die ein paar Wochen braucht, ehe sie sich davon wieder erholt hat. Die erste zu umschiffende Klippe ist das Gießen. So merkwürdig das erscheinen mag: Erst nach zehn bis 14 Tagen kann wieder richtig gegossen werden, erst nach einem Monat wird wieder gedüngt, denn dann beginnen sich die neuen Wurzeln gut zu entwickeln. So haben auch die Wunden Zeit, vollständig zu verheilen, und die Pflanze wird vor möglichen Infektionen durch Bakterien oder Pilze geschützt, wie sie möglicherweise durch das Wasser übertragen werden. Da zunächst nicht gegossen wird, müssen unbedingt täglich (und zwar morgens) die Blattunterseiten und die Substratoberfläche besprüht werden. Die Pflanze darf zudem keinen zu hohen Temperaturen ausgesetzt sein, was ein Vertrocknen fördern würde. Die Orchidee muss an einem hellen Ort – aber vor Sonne geschützt – stehen. Diese »Trockenzeit« gilt es aufmerksam zu überwachen; in bestimmten Fällen, besonders, wenn die Tage heißer sind als üblich oder wenn es sich um Orchideen handelt, die Trockenheit im Wurzelbereich verabscheuen (z. B. *Phragmipedium*, *Paphiopedilum*, *Paphinia*), wird dieser Wassermangel durch ein rasches Übergießen der Substratoberfläche ausgeglichen.

DAS WICHTIGSTE ZUM THEMA UMTOPFEN

- Nicht im Winter umtopfen oder wenn die Pflanze blüht.
- Wurzeln abschneiden, wenn sie geschädigt oder zu zahlreich sind.
- Töpfe benutzen, deren Größe auf das Wurzelvolumen abgestimmt sind.
- Bis zum nächsten Gießen einige Zeit warten.
- Spezielles Orchideensubstrat verwenden.

DÜNGUNG

In der Kultur muss die Nährstoffarmut des Substrats und des Wassers unbedingt durch regelmäßige Düngergaben ausgeglichen werden, die die Pflanze mit den für ihr Wachstum und ihre Blüte unverzichtbaren Elementen versorgen: Stickstoff (N) fördert das

Wachstum der Pflanze, Phosphor (P) regt die Bildung von Blüten an, Kalium (K) kräftigt die Pflanze und verbessert ihre Abwehrkräfte gegen Krankheiten. Diese drei Elemente sind die wichtigsten Hauptnährstoffe und werden in höherer Dosis verabreicht.

Dazu kommen die Nährstoffe, die in geringerer Menge unverzichtbar sind, um mögliche Mängel im Wasser und Substrat auszugleichen. Sie wirken als Katalysatoren des allgemeinen Stoffwechsels der Pflanze: Magnesium (Mg), Kalzium (Ca), Schwefel (S) und die Spurenelemente Eisen (Fe), Mangan (Mn), Bor (Bo), Kupfer (Cu), Zink (Zn) und Molybdän (Mo). Das Fehlen von Düngergaben erklärt in 80 Prozent der Fälle, warum eine Pflanze nicht blüht, und kann die Ursache für schwere Mangelerscheinungen sein.

WELCHEN DÜNGER SOLL MAN WÄHLEN?

Versuchen Sie nicht – in der Hoffnung auf traumhafte Ergebnisse –, den Dünger zu erwerben, der »am meisten von allem« enthält, denn das kann fatale Auswirkungen haben, besonders wenn er zu hoch dosiert ist! Der Stoffwechsel der Orchideen arbeitet langsam, sie brauchen folglich regelmäßig schwach dosierten Dünger. Ihrer Empfindlichkeit entsprechend eignet sich am besten ein spezieller Orchideendünger.

Im Handel findet man verschiedene Düngertypen. Manche sind flüssig und werden dem Gießwasser beigegeben, andere gibt es in Form von Pulver, das in Wasser aufgelöst über Blätter und Wurzeln gesprüht wird. Diese Blattdünger sind sehr wirksam (besonders bei der raschen Versorgung mit Spurenelementen), denn das Laub bietet eine größere Ober-, sprich Aufnahmefläche. Üblich sind Volldünger, die die Hauptnährstoffe Stickstoff, Phosphor und Kalium in ausgewogenem Verhältnis enthalten und zugleich das Wachstum und die Blütenbildung der Pflanze begünstigen.

Weniger üblich sind Dünger mit erhöhten Gehalten bestimmter Nährstoffe, z. B. mit viel Stickstoff und Kalium (z. B. N : P : K = 15 : 10 : 15) zur Anregung des Wachstums oder mit hohen Phosphor- und Kaliumgehalten (z. B. N : P : K = 8 : 12 : 24), um die Blüte zu fördern und die Blütenzahl zu erhöhen.

Besonders für Kulturen in Substraten auf Rindenbasis empfiehlt sich folgende Verwendung: Wenn Sie nur eine oder zwei Gattungen kultivieren, können Sie die Entwicklung der Pflanzen anregen, indem Sie in den fünf bis sechs Monaten, in denen sie ihre neuen Triebe und Wurzeln bilden, stickstoffbetonten »Wachstumsdünger« geben. Dieser regt das vegetative Wachstum an. Danach gehen Sie über zum »Blühdünger« mit höheren Anteilen von Phosphor und Kalium, um die Bildung von Blütenständen zu unterstützen.

Die andere Methode besteht darin, beide Dünger das ganze Jahr über abwechselnd und unabhängig von Vegetations- und Blühperioden zu verabreichen. Das Gleichgewicht zwischen den beiden Düngern muss jedoch eingehalten werden, und man darf keinesfalls der Versuchung erliegen, die »Blühdünger«-Gabe zu erhöhen, weil man auf eine üppige Blüte hofft.

WIE UND WIE HÄUFIG WIRD GEDÜNGT?

Gegen zwei wichtige Düngeregeln darf nie verstoßen werden: Erstens muss die Pflanze am Vortag mit klarem Wasser gegossen werden; zweitens muss nach jeder Düngung mindestens ein- oder zweimal mit klarem Wasser nachgegossen werden. Alle Dünger enthalten schließlich Salze, die die Pflanze nicht aufnimmt. Mit der Zeit sammeln sie sich im Substrat an, aufgrund von überhöhten Salzanteilen »verbrennen« die Wurzeln und gehen daran kaputt. Das Gießen hat also abgesehen von seiner Funktion der Wasserversorgung einen reinigenden Effekt.

Gedüngt wird in der Regel das ganze Jahr über, unabhängig von den Jahreszeiten, je nach Anspruch der Pflanze bei jedem zweiten oder dritten Gießen bzw. im Abstand von zwei bis drei Wochen. Nur Orchideen, die einer Ruhezeit unterliegen, sind davon ausgenommen.

DAS WICHTIGSTE ZUM THEMA DÜNGER

- Nie eine Pflanze düngen, die nicht zuvor gegossen wurde.
- Nach einer Düngergabe muss mindestens einmal mit klarem Wasser nachgegossen werden.
- Während eventueller Ruhezeiten nicht düngen.
- Nach dem Umtopfen drei Wochen lang nicht düngen.

DIE GEEIGNETEN GATTUNGEN

EXOTISCHE *ORCHIDEEN*

Die folgenden Kulturanleitungen beziehen sich auf die wichtigsten Orchideengattungen, die wir in Mitteleuropa im Innenraum kultivieren können. Weitere, weniger verbreitete Gattungen, die sich in gleicher Weise kultivieren lassen, sind jeweils am Ende der Porträts aufgeführt.

Aerangis

Die Pflanzen schmücken sich mit graziösen, sternförmigen Blüten, die nachts einen intensiven Duft verströmen. Die meisten dieser kleinen Pflanzenwunder aus Madagaskar oder Afrika lassen sich leicht im Haus ziehen.

ALLGEMEINES ZUR GATTUNG

Kultur: Leicht. Die meisten *Aerangis*-Arten brauchen ähnliche Bedingungen wie *Phalaenopsis*.
Blütezeit: Je nach Art unterschiedlich, entweder im Frühling, Sommer oder Herbst. Blühdauer etwa einen Monat.
Besonderheiten: Weiße oder elfenbeinfarbene, manchmal zart rosa Blüten, die zuweilen auch einen kräftig getönten Punkt in der Mitte aufweisen. Alle haben einen Sporn, auf dessen Grund sich der Nektar befindet. Die meisten *Aerangis*-Arten sind sehr klein.
Herkunft und Standort: Diese Gattung zählt etwa 70 epiphytisch lebende Arten, die aus dem tropischen Afrika und Madagaskar stammen. Die meisten von ihnen leben in dichten Wäldern in mittleren Höhenlagen, wo das ganze Jahr über regelmäßig Regen fällt.
Klima: Warm oder temperiert.

KULTURBEDINGUNGEN

Temperatur: Tagsüber 18 bis 35 °C, nachts Temperaturabsenkung um 3 bis 5 °C auf 15 bis 25 °C.
Licht: Die Arten mit zarten, dunkelgrünen *Blättern* (*A. biloba, A. citrata, A. clavigera, A. rhodosticta* usw.) vertragen kein starkes Licht; ein Nordfenster sagt ihnen zu. Hingegen verlangen diejenigen mit dicken Blättern (*A. articulata, A. cryptodon, A. ellisii, A. modesta, A. platyphylla* usw.) mehr Licht und sollten nach Süden stehen, wobei sie aber von März bis Ende Oktober Schutz vor direkter Sonne brauchen.
Wasser: Kalkarm, weich.
Gießen: Das ganze Jahr über regelmäßig. Da die Töpfe klein sind, muss recht häufig gegossen werden.

Oben: *Aerangis curnowiana.*
Rechte Seite: *Aerangis modesta.*

Luftfeuchtigkeit: 60 bis 80 %. *Aerangis* reagieren sehr empfindlich auf trockene Luft, ihre Blattunterseiten und Wurzeln müssen deshalb täglich besprüht werden und sie sollten über wassergefüllten Schalen stehen. Wasser im Herzen der Pflanze ist zu vermeiden.
Ruhezeit: Keine.
Umtopfen: Alle zwei Jahre im Frühjahr, am besten während die Pflanze einen neuen Wurzelkranz bildet. Wegen ihrer geringen Größe und den herabhängenden Blütenständen eignen sich *Aerangis* hervorragend für das Aufbinden auf Korkblöcke.
Substrat: Kiefernrinde und Blähton, dabei empfiehlt sich eine feinere Körnung für kleine Arten und mittlere für die größeren.
Düngen: Regelmäßig das ganze Jahr über. Von Februar bis November alle 14 Tage, zwischen Dezember und Januar alle drei Wochen.
Mögliche Probleme: Wenn hohe Luftfeuchtigkeit herrscht, auf gute Lüftung achten, um eine Fleckenbildung auf den Blättern zu vermeiden.
Ähnlich kultivierte Gattungen: Chamaeangis, Cryptopus, Diaphananthe, Oeonia, Oeoniella.

Angraecum

Die Aufsehen erregenden Blüten dieser wunderschönen Gattung duften nachts herrlich. Sie blühen oft im Winter oder im Frühjahr.

ALLGEMEINES ZUR GATTUNG

Kultur: Nicht ganz leicht.
Blütezeit: Herbst, Winter und Frühjahr; Blühdauer ein bis zwei Monate.
Besonderheiten: Weiße, elfenbeinfarbene oder grüne Blüten, die vom Einbruch der Nacht an duften und stets einen Sporn aufweisen, der den Nektar birgt. Das Labellum ist der breiteste Teil der Blüte; es ist immer weiß oder elfenbeinfarben.

Herkunft und Standort: Diese Gattung zählt etwa 200 Arten, von denen 125 aus Madagaskar stammen, die übrigen aus dem tropischen Afrika, von den Komoren und anderen Inseln im Indischen Ozean. *Angraecum* leben in unterschiedlicher Höhe (100 bis 2000 m); obwohl einige wenige Arten lithophytisch oder semiterrestrisch leben, sind sie im Allgemeinen Epiphyten.
Klima: Warm, temperiert und kalt.

KULTURBEDINGUNGEN

Temperatur: Trotz der unterschiedlichen Klimate, in denen sie am natürlichen Standort leben, werden die

meisten *Angraecum*-Arten in temperierter Umgebung kultiviert: Tagsüber 18 bis 28 °C, nachts 13 bis 16 °C, Temperaturabsenkung um 5 bis 8 °C.
Licht: Sie verlangen sehr viel Licht, fürchten aber von März bis November zwischen 12 und 18 Uhr direkte Sonne. Im Winter sollten sie sonnig stehen.
Wasser: Kalkarm, weich.
Gießen: Das ganze Jahr über regelmäßig, wobei der Topf zwischendurch leichter werden muss (das heißt, das Wasser sollte zum größten Teil verbraucht sein).
Luftfeuchtigkeit: 70 bis 80 %. Die Blattunterseiten täglich besprühen und die Pflanze über eine wassergefüllte Schale stellen.
Ruhezeit: Keine.
Umtopfen: Angraecum mögen das Umtopfen nicht so sehr! Dennoch muss es unbedingt alle zwei Jahre erfolgen, wenn die Pflanze einen neuen Wurzelkranz entwickelt. Nach dem Umtopfen erst nach zwei Wochen wieder gießen, jedoch in der Zwischenzeit die Oberfläche des Substrats leicht befeuchten (alle zwei bis drei Tage). Bei kräftigen Pflanzen ist die Verwendung von Tontöpfen ratsam.
Substrat: Grobe Kiefernrinde und Blähton bei großen Pflanzen, mittelfeines Granulat bei mittelgroßen und kleinen Pflanzen.
Düngen: Das ganze Jahr über alle 14 Tage (im Winter alle drei Wochen) mit einem ausgewogenen Volldünger, der während der vier Monate vor der Blütezeit durch einen phosphor- und kaliumbetonten Dünger ersetzt werden kann.
Mögliche Probleme: Es darf kein Wasser in den Blattachseln stehen (Fäulnisgefahr). Bei hoher Luftfeuchtigkeit für gute Luftzirkulation sorgen.
Ähnlich kultivierte Gattungen: Aeranthes, Cyrtorchis, Jumellea, Sobennikoffia, Tridactyle.

Oben: *Angraecum expansum.* Linke Seite: Die Art *Angraecum longicalcar* aus Madagaskar war vom Aussterben bedroht, wurde jedoch durch die In-vitro-Vermehrung gerettet.

CATTLEYA

Sie wird oft als »Königin der Orchideen« bezeichnet und war im 19. Jahrhundert stark in Mode. Ihre Kultur verlangt eine gewisse Erfahrung.

ALLGEMEINES ZUR GATTUNG

Kultur: Die unwiderstehliche Schönheit ihrer Blüten verdient jede Mühe. Mein Tipp: Versuchen Sie sich erst einmal mit einer leichter zu kultivierenden Orchidee, bevor Sie sich an eine *Cattleya* wagen!
Blütezeit: Frühling, Sommer oder Herbst, je nach Art bzw. Sorte. Blühdauer höchstens zwei bis drei Wochen.
Besonderheiten: Die Blüten bilden sich in einer Schutzhülle, die als Spatha bezeichnet wird und sich dort entwickelt, wo das Blatt aus der Pseudobulbe herauswächst. Man unterscheidet zwei Gruppen von Cattleyen: die zweiblättrige *Cattleya* mit zahlreichen kleinen Blüten an aufrecht stehenden Trauben und die einblättrigen Arten mit sehr großen Blüten, die jeweils zu zweit oder dritt an den Blütenständen wachsen. Viele Cattleyen duften.
Herkunft und Standort: Sie leben in 600 bis 1200 m Höhe auf Bäumen an Waldrändern in den Bergen des tropischen Mittel- und Südamerika. Morgens sind sie sehr starkem Licht ausgesetzt, und dann schützen sie Wolken und das Laub der Bäume vor Sonnenschäden. Nachts tun der Pflanze zugleich die mit der Höhenlage

Unten: Die Hybride × *Sophrolaeliocattleya* 'Orange Gem' verdankt ihre leuchtende Blütenfarbe einer ihrer Vorfahren, der Gattung *Sophronitis*. Rechte Seite: × *Laeliocattleya* 'Mely'.

verbundene Kühle wie auch die sehr hohe Luftfeuchte gut. Während einer sogenannten Trockenzeit nehmen die Regenfälle ab, ohne aber ganz aufzuhören.
Klima: Temperiert.

KULTURBEDINGUNGEN

Temperatur: Zimmertemperatur oder wärmer (bis 25 °C), im Winter geringer, dabei nachts 13 bis 16 °C, Temperaturabsenkung um 5 bis 7 °C.
Licht: Die Kultur von Cattleyen verlangt sehr viel Licht, aber ohne direkte Sonne (außer frühmorgens und im Winter). An einem Südfenster fühlen sie sich am wohlsten – falls ein Sonnenschutz vorhanden ist, denn ansonsten verbrennen die Blätter. Sowohl die Lichtmenge als auch die Beleuchtungsdauer sind wichtig, denn sie beeinflussen die Blüte. Am natürlichen Standort herrschen auf Grund der Äquatornähe zwölf Stunden Tag und zwölf Stunden Nacht. Wenn dieses Gleichgewicht bei der Kultur nicht eingehalten wird, blühen die Pflanzen möglicherweise nicht. Achten Sie deshalb auf äußere Lichteinflüsse wie Leuchtreklamen und Straßenlampen, denn sie können die Wahrnehmung der Tageslänge stören.
Wasser: Kalkarm, weich.
Gießen: Dies ist ein schwieriger Punkt, denn Cattleyen bekommen sehr leicht Wurzelfäule. Sobald die Triebe an der Basis der Pseudobulben wachsen, wird reichlich und regelmäßig gegossen. Dann sollten Sie erst wieder gießen, wenn der Topf leicht geworden ist.

Cattleya dowiana gilt als eine bei Orchideenfreunden sehr beliebte Art. Spezialisten verwenden sie gern für die Hybridzüchtung. Rechte Seite: *Cochleanthes amazonica.*

Sind die Pseudobulben ausgebildet, weniger häufig, aber kräftiger, das heißt die gleiche Menge, gießen. Zweiblättrige Cattleyen besitzen geringere Wasserspeicherkapazitäten als einblättrige.
Luftfeuchtigkeit: Das ganze Jahr über um 70 bis 80 %. Erreicht wird dieser Wert durch tägliches, morgendliches Übersprühen der Blätter und mit Hilfe wassergefüllter Schalen unter den Pflanzen. Wenn es sehr warm ist, verdunsten Cattleyen über die Blätter sehr viel Wasser; dann sollte ruhig auch abends gesprüht werden.
Ruhezeit: In dieser Zeit weniger gießen.
Umtopfen: Unbedingt alle zwei Jahre, wenn die Pflanze neue Triebe hervorbringt. Erst wieder gießen, wenn die Wurzeln in das Substrat wachsen; in der Zwischenzeit täglich die Substratoberfläche und Blätter übersprühen. Zur Vermeidung von Wurzelfäule wird die Verwendung von Ton- oder Gittertöpfen empfohlen.
Substrat: Grobkörnige Kiefernrinde und Blähton, damit Wasserabfluss und Luftzirkulation gewährleistet sind.
Düngen: Das ganze Jahr über. Der Dünger muss bei Neuaustrieb stickstoff- und kaliumbetont sein, wenn die Triebe die halbe Endgröße erreicht haben, phosphorbetont. Nach jedem Düngen zweimal mit klarem Wasser nachgießen.
Mögliche Probleme: Cattleyen sind beliebte Wirtspflanzen für Schädlinge wie Wollläuse, die sich gern so geschickt zwischen Pseudobulbe und der sie umgebenden Hülle verstecken, dass man sie häufig erst entdeckt, wenn sie massenhaft vorhanden sind. Deshalb sollte man ruhig diese »trockene Haut« um die Pseudobulben abziehen, um sicherzugehen, dass sich dort keine Schädlinge einnisten.

COCHLEANTHES

Diese Orchideen eignen sich hervorragend für Anfänger, die eine besondere Sammlung aufbauen wollen. Sie sind leicht zu kultivieren und blühen häufig mehrmals pro Jahr.

ALLGEMEINES ZUR GATTUNG

Kultur: Sehr pflegeleichte Gattung, ideal für die Zimmerkultur.
Blütezeit: Frühling, Sommer, Herbst; Blühdauer zwei bis drei Wochen.
Besonderheiten: Duftende Blüten, Miniaturpflanzen. Blüht mehrmals im Jahr.
Herkunft und Standort: Dichte, feuchte Wälder in Costa Rica, Peru und Kolumbien in Höhenlagen zwischen 500 und 1200 m.
Klima: Warm oder temperiert.

KULTURBEDINGUNGEN

Temperatur: Tagsüber 18 bis 30 °C, nachts 16 bis 25 °C, Temperaturabsenkung um 2 bis 5 °C.
Licht: Alle Himmelsrichtungen sind geeignet, doch zu intensives Licht und direkte Sonne schaden der Pflanze.
Wasser: Kalkarm, weich.
Gießen: Regelmäßig das ganze Jahr über; etwas sparsamer in der weniger aktiven Vegetationsphase. Die Blätter, besonders die der jungen Triebe, dürfen nicht nass werden.
Luftfeuchtigkeit: 60 bis 65 %. Besonders die Blattunterseiten häufiger übersprühen. Besser noch ist ein wassergefülltes Gefäß unter der Pflanze.
Ruhezeit: Keine.
Umtopfen: Alle zwei Jahre, wenn sich die neuen Triebe bilden.
Substrat: Kiefernrinde und Blähton, je nach dem Alter der Pflanze feine oder mittlere Körnung. Auch das Aufbinden auf eine Korkplatte ist ideal.
Düngen: Mit Volldünger alle 14 Tage das ganze Jahr über.
Mögliche Probleme: Bei zu hoher Luftfeuchtigkeit Gefahr von Blattfäule. Abhilfe schafft eine gute Lüftung.
Ähnlich kultivierte Gattungen: Bollea, Huntleya, × *Pescatobollea, Pescatoria.*

Cymbidium

Cymbidien sind inzwischen sehr populär, und tatsächlich kann man diese Gattung wegen ihrer Unempfindlichkeit gegenüber möglichen Kulturfehlern nur empfehlen.

Unten: *Cymbidium* Candy King 'Cindy'.
Rechte Seite: *Cymbidium* 'Amesbury'.

ALLGEMEINES ZUR GATTUNG

Kultur: Leicht. Wegen ihrer Größe eignen sie sich nur bedingt für die Zimmerkultur.
Blütezeit: November bis April; Blühdauer zwei bis drei Monate.
Besonderheiten: Cymbidien sollten von Ende Mai bis September im Freien bei Streulicht stehen (vor dem ersten Frost wieder hereinholen). Die Blüten duften häufig. Mini-Cymbidien für die Fensterbank werden immer häufiger angeboten.
Herkunft und Standort: Die meisten der 70 *Cymbidium*-Arten wachsen terrestrisch; seltener sind Lithophyten und Epiphyten. Manche leben hoch oben in den Ausläufern des Himalaja, in China, Vietnam und Myanmar, andere wachsen in weniger hohen Lagen in Indien, auf Java und Sumatra. An ihren natürlichen Standorten sind Cymbidien morgens der vollen Sonne ausgesetzt und werden dann durch Wolken vor direkter Sonneneinstrahlung geschützt.
Klima: Kalt, temperiert oder warm.
Anmerkung: 98 % der verkauften Cymbidien stammen aus kaltem Klima.

KULTURBEDINGUNGEN

Temperatur: Tagsüber 15 bis 30 °C, nachts 5 bis 20 °C; mindestens um 10 °C nächtliche Temperaturabsenkung. Cymbidien vertragen extreme Temperaturen, ihre Blüte wird durch die »Temperaturschocks« gefördert, denen sie im Freien ausgesetzt sind. Im Winter ist es ratsam, sie in einen kühlen, aber frostfreien Raum im Haus zu stellen.
Licht: Wesentliche Voraussetzung für das Blühen ist sehr intensives Licht, in den heißen Mittags- und Nachmittagsstunden aber ohne direkte Sonne. Im Sommer ist eine Ausrichtung nach Osten ideal; im Herbst und Winter begünstigt ein Südfenster die Blüte.
Wasser: Kalkhaltig.

Gießen: Regelmäßig und reichlich, wenn die Pflanze neue Triebe bildet (Frühling bis Sommer); deutlich weniger im Herbst, wenn die Pseudobulben ausgereift sind.
Luftfeuchtigkeit: 40 bis 50 %. Wenn sie draußen stehen, ist ein Übersprühen nicht nötig. Im Haus bekommt ihnen leichtes Einnebeln der Blätter am Abend gut.
Ruhezeit: Im Herbst, dann weniger gießen.
Umtopfen: Alle zwei Jahre direkt nach der Blüte. Nicht im Sommer oder Herbst.
Substrat: Kiefernrinde, Blähton und eventuell etwas Torf, damit das Substrat nicht so schnell austrocknet. Ein Zusatz von Kalzium ist nötig, wenn die Pflanze nicht mit kalkhaltigem Wasser gegossen wird (z. B. 2 g Dolomitkalk pro Liter Pflanzstoff).
Düngen: Cymbidien sind gierig! Wenn die Pflanze nicht blüht, ist in den meisten Fällen Nährstoffmangel dafür verantwortlich. Sie braucht von März bis Juli bei jedem zweiten Gießen stickstoff-, während der vier bis fünf Monate vor der Blütezeit phosphorbetonten Dünger. Sobald die Blütenschäfte erscheinen, einen Monat mit dem Düngen aussetzen. Eine Blattdüngung ist am wirksamsten.
Mögliche Probleme: Die sich bildenden Blütenknospen reagieren empfindlich auf Temperaturschocks. Deshalb sollten Sie vor dem Umstellen der Pflanze in ein kühleres oder wärmeres Zimmer warten, bis sich die Blüten öffnen; oder sie erst umstellen, sobald Blütenschäfte an der Basis der Pseudobulben erscheinen, sich aber noch keine Knospen gebildet haben.
Anmerkung: Cymbidien mit ihren herrlichen Blüten sind besonders für diejenigen zu empfehlen, die einen im Winter kühlen Wintergarten besitzen.

DENDROBIUM

Diese Orchideengattung weist neben vielen Blüten- und Pflanzenformen eine breite Palette von Farben auf, so dass sie selbst unter den Orchideen ihresgleichen sucht.

Die Art *Dendrobium secundum* ist in Thailand sehr verbreitet, stammt also aus sehr warmem Klima.

ALLGEMEINES ZUR GATTUNG

Kultur: Diese Gattung eignet sich für Anfänger und Profis gleichermaßen.

Blütezeit: Frühling oder Sommer, mit einer Blühdauer von einigen Tagen bis mehrere Monate.

Besonderheiten: Zahlreiche Arten werfen ihr Laub völlig ab, andere nur teilweise; viele besitzen duftende Blüten. Die beiden Lateralsepalen sind unten an der Säule zusammengewachsen und bilden ein »Kinn«, das von der Seite deutlich zu sehen ist.

Herkunft und Standort: Es gibt über 1600 *Dendrobium*-Arten, die über einen großen Teil des Erdballs verteilt sind: vom Himalaja über Neuguinea, Thailand, Japan, Australien, Neuseeland, Sri Lanka bis zu den Inseln im westlichen Pazifik. Abgesehen von der geographischen Verbreitung der Gattung finden wir eine verwirrende Klimavielfalt, die mit den Höhenlagen verbunden ist, in der sie natürlicherweise wachsen. Alle Dendrobien sind Epiphyten. Sie leben in Zonen mit ausgeprägten Regenzeiten (während derer sie sich entwickeln) und Trockenzeiten, die sie zu einer Wachstumspause nötigen, an deren Ende sie blühen.

Dendrobium unicum aus Thailand und Laos ist eine reizende, kleine Art, die eine kühle oder gemäßigte Umgebung braucht. Ihre Blüten verströmen einen angenehmen, fruchtigen Duft.

Klima: Warm, temperiert, kalt, mäßig warm oder mäßig kalt. Alle in der Orchideenkultur möglichen Fälle sind in dieser Gattung vereinigt.

KULTURBEDINGUNGEN

Die feinen Kulturunterschiede hängen mit ihrer geographischen Verbreitung zusammen. Obwohl sie aus sehr verschiedenen Klimaten stammen, lassen sich die meisten Dendrobien einer der drei folgenden Klimakategorien zuordnen: warm, temperiert, kalt.
Licht: Es muss so reichlich wie möglich vorhanden sein, aber ohne direkte Sonne – außer im Winter, einer Periode, in der alle Dendrobien sehr hell stehen müssen. Eine Ausrichtung nach Norden ist also nicht zu empfehlen.
Wasser: Kalkarm, weich.
Luftfeuchtigkeit: Das ganze Jahr über auf 75 bis 80 Prozent halten und während der Ruhezeit häufiger übersprühen.
Ruhezeit: Bei laubabwerfenden oder dickblättrigen Arten deutlich ausgeprägt; bei denen, die ihr Laub behalten oder nur zum Teil abwerfen, weniger markant.
Umtopfen: Alle zwei Jahre im Frühling, wenn die neuen Triebe erscheinen. Kleine Töpfe oder Körbe verwenden. Die Miniaturarten mit zarten Pseudobulben gedeihen besser auf Korkplatten (*D. moniliforme, D. tetragonum, D. unicum, D. victoriae-reginae* usw.), die größeren stehen am besten in Tontöpfen.
Substrat: Mittelfeine Rinde und Blähton.
Düngen: Nie in der Ruhezeit. Sobald sich neue Triebe zeigen, alle 14 Tage stickstoff- und kaliumbetonten Dünger geben. Wenn sie halb so groß sind wie die vorjährigen, zu phosphor- und kaliumbetontem Dünger wechseln, der alle 14 Tage gegeben wird, bis die Ruhezeit einsetzt.
Mögliche Probleme: Das Benetzen junger Triebe vermeiden. Die Pflanze während der Ruhezeit beobachten, denn die Pseudobulben dürfen nicht welken. Wenn dies der Fall ist, leicht gießen.

Dendrobium 'Surakaï'. Diese Hybride gehört zur Gruppe der *Dendrobium phalaenopsis,* die im Warmhaus kultiviert werden. Sie ist wegen ihrer außerordentlich langen Blühdauer sehr beliebt.

Bemerkungen: Die meisten Dendrobien sind unglaublich anpassungsfähig. In der Praxis ist es nicht selten, dass manche Arten oder Hybriden aus warmem, kaltem oder gemäßigtem Klima unter Bedingungen blühen, die ihnen eigentlich nicht entsprechen.

KULTURBEDINGUNGEN FÜR WARMHAUS-DENDROBIEN

(D. bigibbum, D. gracilicaule, D. helix, D. lasianthera, D. stratiotes, D. 'Surakaï')
Temperatur: Tagsüber 18 bis 35 °C, nachts 15 bis 30 °C, nächtliche Temperaturabsenkung um 3 bis 8 °C. Von Juni bis Ende Juli können sie ins Freie gestellt werden.
Gießen im Frühling und Sommer: Reichlich und regelmäßig während der Entwicklung der Pseudobulben, wobei der Topf zwischen den Wassergaben jeweils leichter werden, also austrocknen muss.
Gießen im Herbst und Winter: Wenn die Pseudobulben vollständig ausgebildet sind, wird weiterhin, allerdings mäßiger, gegossen. Achten Sie darauf, dass die Pseudobulben nicht schrumpfen. Als Anhaltspunkt kann folgende Regel gelten: Wenn in der Vegetationsphase alle acht Tage gegossen wird, gießen Sie in der Ruhezeit nur alle zehn bis zwölf Tage. Sobald sich Blütenstände oder Neutriebe zeigen, können Sie wieder normal gießen.

KULTURBEDINGUNGEN FÜR DENDOBIEN IM TEMPERIERTEN HAUS

(D. amethystoglossum, D. anosmum, D. densiflorum, D. finesterrae, D. forbesii, D. formosum, D. macrophyllum, D. miyakei, D. parishii, D. pierardi, D. secundum, D. speciosum, D. unicum, D. topaziacum, D. victoriae-reginae)
Temperatur: Tagsüber 18 bis 25 °C, nachts 13 bis 16 °C, Temperaturabsenkung um 6 bis 10 °C. Können von Juni bis Ende August im Freien gehalten werden.

Gießen im Frühling und Sommer: Wie bei Warmhaus-Arten.
Gießen im Herbst und Winter: Sobald die Pseudobulben ausgewachsen sind, bei laubabwerfenden Arten *(D. anosmum, D. parishii, D. pierardi, D. secundum* usw.) das Gießen einstellen, bei Arten, die ihr Laub behalten oder teilweise verlieren, seltener gießen *(D. finesterrae, D. forbesii, D. speciosum, D. victoriae-reginae).*

KULTURBEDINGUNGEN FÜR KALTHAUS-DENDROBIEN

(D. aggregatum, D. chrysotoxum, D. kingianum, D. loddigesii, D. moniliforme, D. nobile)
Temperatur: Tagsüber 12 bis 25 °C, nachts 5 bis 14 °C, Temperaturabsenkung um bis zu 10 °C. Im Winter müssen die meisten dieser Arten in direkter Sonne in einem kühlen Raum stehen. Im Sommer sollten sie besser draußen und in den heißen Tagesstunden vor direkter Sonne geschützt stehen.
Gießen im Frühjahr und Sommer: Wie bei den Arten für das warme und temperierte Haus.
Gießen im Winter: Gießen einstellen, dabei aber für ausgezeichnete Luftfeuchtigkeit sorgen.
Bemerkungen: Manche Dendrobien eignen sich wegen ihrer Temperaturansprüche nicht für die Zimmerkultur; bei diesen Arten und Hybriden sollte ganz besonders auf die erforderliche Temperatur geachtet werden.

Oben links: *Dendrobium anosmum* var. *album* gedeiht im temperierten Haus. Oben rechts: *Dendrobium aggregatum* fühlt sich im Kalthaus wohl.

Encyclia und Epidendrum

Encyclia und *Epidendrum* bieten Orchideenfreunden Originalität sowie eine außerordentliche Formen- und Farbenvielfalt. Wer außerdem noch duftende Orchideen sucht, findet bei diesen beiden Gattungen sicher etwas für seine Sammlung.

ALLGEMEINES ZUR GATTUNG

Kultur: Leicht.
Blütezeit: Vor allem im Frühling und Sommer. Blühdauer ein bis zwei Monate, manchmal länger, wenn die Pflanze nacheinander ihre Blüten öffnet *(Encyclia cochleata).*
Besonderheiten: Manche Encyclien besitzen umgedrehte Blüten, deren Labellum nach oben zeigt.
Herkunft und Standort: Es gibt etwa 800 Arten von *Encyclia* und *Epidendrum*, die über Mittelamerika und den nördlichen Teil Südamerikas verteilt sind. Die meisten sind Epiphyten und leben in Wäldern mittlerer und geringer Höhenlagen.
Klima: Temperiert.

KULTURBEDINGUNGEN

Temperatur: Tagsüber 15 bis 28 °C, nachts 13 bis 25 °C, Nachttemperatur-Absenkung um 5 bis 8 °C.
Licht: Alle Epidendren und Encyclien mögen viel Licht, und manche ganz besonders. An einem Südfenster (vor direkter Sonne geschützt), entwickeln sie sich gut und blühen herrlich.
Wasser: Kalkarm, weich.

Rechts und rechte Seite: *Encyclia cochleata* erfreut durch ihre ungewöhnlichen, umgedrehten Blüten und ihre außergewöhnlich lange Blütezeit. Sie gedeiht sehr gut im Haus.

Gießen: Reichlich und regelmäßig während der Entwicklungsphase der Pseudobulben; seltener, sobald diese ausgereift sind (im Winter).
Luftfeuchtigkeit: Sie sollte das ganze Jahr über etwa 70 bis 80 Prozent betragen und durch tägliches Übersprühen des Laubes und der Substratoberfläche rings um die Pflanze ständig aufrecht erhalten bleiben; dazu kann die Pflanze auch über eine wassergefüllte Schale gestellt werden.
Ruhezeit: Sie besteht lediglich darin, dass im Winter seltener gegossen wird.
Umtopfen: Alle zwei Jahre, wenn neue Triebe an der Basis der alten erscheinen.
Substrat: Mittelfeine Kiefernrinde und Blähton.
Düngen: Alle 14 Tage stickstoffbetont, solange sich die Pseudobulben bilden; wenn sie zwei Drittel ihrer maximalen Höhe erreicht haben, zur Anregung der Blütenbildung phosphorbetont düngen. Während dieser »Pseudo-Ruhezeit« nicht düngen.
Mögliche Probleme: Die jungen Triebe dürfen nicht nass werden, denn sie faulen leicht. Bei hoher Luftfeuchte für gute Luftzirkulation sorgen.

LYCASTE

Hierbei handelt es sich um eine wenig bekannte Gattung. Sie wird besonders Orchideenliebhabern gefallen, die das Besondere suchen. Hier findet man zahlreiche Hybriden und Arten mit herrlichen Blüten.

ALLGEMEINES ZUR GATTUNG

Kultur: Leicht.
Blütezeit: Frühjahr, Sommer; Blühdauer etwa ein bis zwei Monate.
Besonderheiten: Zahlreiche duftende Arten. Die Blütenstiele, die nach der Ruhezeit an der Basis der Pseudobulben wachsen, tragen nur eine einzige Blüte. Die meisten Lykasten werfen ihr Laub ab.
Herkunft und Standort: Diese Gattung umfasst 45 Arten, die in ganz Lateinamerika (von Mexiko bis Peru) wachsen. Sie sind Epiphyten, die von Meereshöhe bis 2500 m hoch im Gebirge vorkommen. Einige vertragen auch Frost.
Klima: Warm, temperiert oder kalt.

Die Hybride *Lycaste* 'Balliae' kann sehr unterschiedliche Blütenfarben aufweisen. Sie wurde bereits 1896 gezüchtet und es gibt sie noch heute.

KULTURBEDINGUNGEN

Temperatur: Trotz ihrer ursprünglichen Höhenlage können Lykasten in temperierter Umgebung kultiviert werden. Im Sommer sollte die Tagestemperatur 25 °C nicht überschreiten. Im Winter kann während der Ruhezeit (die entscheidend für die Blüte ist) die Temperatur tagsüber zwischen 18 bis 21 °C und nachts zwischen 10 bis 16 °C schwanken. Die nächtliche Temperaturabsenkung muss 5 bis 10 °C betragen.
Licht: Lycasten brauchen während der Vegetationsperiode (Frühjahr bis Sommer) Schatten. Im Winter und während der Monate, die der Blütezeit vorangehen, brauchen sie allerdings reichlich Licht. Sie können im Sommer nach Norden oder Osten ausgerichtet kultiviert und im Winter an ein sonniges Fenster gestellt werden.
Wasser: Kalkarm, weich.
Gießen: Sehr regelmäßig, sobald Blütenstände oder Neutriebe erscheinen. Zwischen den Wassergaben das Substrat nicht austrocknen lassen, denn »Durststrecken« deformieren die Triebe und stören ihre Entwicklung. Stellen Sie das Gießen ein, wenn die Pseudobulben vollständig entwickelt sind.

Luftfeuchtigkeit: Tagsüber 45 bis 55 %, nachts 100 %. Im Sommer die Blätter abends einsprühen.
Ruhezeit: Ausgeprägt.
Umtopfen: Alle zwei Jahre im Frühling, wenn die Neutriebe erscheinen; am besten in Tontöpfe.
Substrat: Feine Kiefernrinde, Blähton und etwas Torfmoos.
Düngen: Die ganze Vegetationsperiode über alle 14 Tage mit Volldünger. In der Ruhezeit nicht düngen.
Mögliche Probleme: Die jungen Triebe dürfen nie nass werden (Fäulnisgefahr).
Bemerkungen: Lycasten können von Juni bis September an schattigen Plätzen im Freien gehalten werden. Durch ihre zarten Blätter sind sie empfindlich gegenüber Spinnmilben.
Ähnlich kultivierte Gattungen: Anguloa und × *Angulocaste.*

***L**ycaste skinneri* zählt ohne Zweifel zu den schönsten ihrer Gattung. Sie ist eine der Elternpflanzen von *Lycaste* 'Balliae'.

Masdevallia

Diese zuweilen sogar winzigen Miniatur-Orchideen haben oft verblüffende Blütenformen und -farben. Sie sind aber schwierig in der Wohnung zu halten, denn ihre geographische Herkunft setzt voraus, dass sie in kühler, feuchter und gut gelüfteter Umgebung kultiviert werden.

ALLGEMEINES ZUR GATTUNG

Kultur: Nicht ganz leicht und nur möglich, wenn ein kühler, feuchter Raum vorhanden ist.
Blütezeit: Frühling, Sommer. Blühdauer drei bis vier Wochen.
Besonderheiten: Kleine, manchmal winzige Pflanzen (3 bis 30 cm). Im Unterschied zu den meisten Orchideen liegt die Schönheit ihrer Blüte darin, dass die drei Sepalen zusammengewachsen und im Verhältnis zu den verkümmerten, kaum sichtbaren Petalen im Zentrum der Blüte stark entwickelt sind.
Herkunft und Standort: Diese Gattung umfasst 300 Arten, die epiphytisch in den Bergen Mexikos, Perus, Kolumbiens und Ecuadors leben. Sie bevorzugen kühle, feuchte und schattige Standorte.

KULTURBEDINGUNGEN

Temperatur: Obwohl sie aus kaltem Klima stammen, leben Masdevallien sehr gut in gemäßigt kalter Umgebung: Tagsüber 15 bis 18 °C, nachts 10 bis 15 °C, Temperaturabsenkung nachts um 5 bis 8 °C.
Licht: Sie lieben helle Standorte, vorausgesetzt das Licht ist nicht zu stark. Eine Ausrichtung nach Norden schützt sie im Sommer vor zu großer Hitze; im Winter bevorzugen sie Ost-, West- oder sogar Südfenster.
Wasser: Kalkarm, weich.
Gießen: Das ganze Jahr über regelmäßig, wobei der Pflanzstoff stets leicht feucht (aber nicht nass!) sein muss.
Luftfeuchtigkeit: 75 bis 80 %, bei guter Lüftung. Nie die Blätter in den heißen Tagesstunden übersprühen.
Ruhezeit: Keine.
Umtopfen: Alle zwei Jahre im September in Gitter- oder Tontöpfe.

Die ersten zehn Tage danach das Substrat nur leicht befeuchten (nicht gießen).
Düngen: Das ganze Jahr über ausgeglichen alle 14 Tage mit Volldünger.
Substrat: Feine Kiefernrinde, Torfmoos und Blähton. Unten in den Topf kommen Styroporstücke, um den Wasserabfluss zu erleichtern.
Mögliche Probleme: Diese Gattung neigt zu Blattfäule, wenn die Luft bei hoher Luftfeuchtigkeit nicht genügend zirkuliert.
Bemerkungen: Eine Kultur auf Korkplatten führt zu ausgezeichneten Ergebnissen.
Ähnlich kultivierte Gattungen: Dracula, Pleurothallis, Restrepia.

Von links nach rechts: *Masdevallia veitchiana*, eine der auffälligsten ihrer Gattung, *Masdevallia coccinea* var. *aurea* und *Masdevallia coccinea*.

MILTONIOPSIS

Hier haben wir eine der wenigen Orchideen, deren Blüte auffällig an eine Gartenblume erinnert: an das Stiefmütterchen! Die meisten *Miltoniopsis* duften morgens angenehm.

ALLGEMEINES ZUR GATTUNG

Kultur: In der Wohnung schwierig.
Blütezeit: Frühjahr; Blühdauer etwa zwei Monate.
Besonderheiten: Blüten duften morgens. Breites Labellum mit einem wunderschönen Muster, das als »Maske« bezeichnet wird. Aufsehen erregende Blüten.
Herkunft und Standort: Diese Gattung zählt in den Anden, in Kolumbien, Peru, und Bolivien etwa 20 epiphytisch lebende Arten. Sie wachsen in 500 und 1500 m Höhe in einem feuchtem, kühlem, luftigem und schattigem Klima.
Klima: Mäßig kalt.

Oben: Die Blütenmitte zeigt das als »Maske« bezeichnete Muster.

KULTURBEDINGUNGEN

Temperatur: Tagsüber 15 bis 25 °C, nachts 12 bis 15 °C. Sie mögen weder Hitze noch Kälte. Im Sommer darf die Tagestemperatur nicht über 20 bis 25 °C liegen, im Winter nicht unter 12 °C. Im Sommer (Juni bis Ende August) muss diese Gattung im Freien gehalten werden: nach Osten oder Norden ausgerichtet können *Miltoniopsis* von den Temperaturschwankungen und der Feuchtigkeit der Nacht profitieren und sind zugleich vor extremen Temperaturen geschützt. Im Hochsommer ist es bei großer Hitze ratsam, sie ins Haus zu holen, wenn es dort kühler ist.
Licht: Sie lieben helle Standorte, aber keine pralle Sonne. Im Sommer müssen sie in Nord- oder Westrichtung stehen, im Herbst bevorzugen sie Ost- oder Westfenster, im Winter sogar Südfenster.
Wasser: Kalkarm, weich.
Gießen: Das ganze Jahr über regelmäßig. Das Substrat muss immer feucht (aber nicht nass!) sein.

Luftfeuchtigkeit: 70 bis 80 %. Blätter und Substratoberfläche einsprühen, dabei die jungen Triebe und Blütenknospen möglichst nicht benetzen.
Ruhezeit: Keine.
Umtopfen: Jährlich nach der Blüte, nie im Sommer.
Substrat: Feine Kiefernrinde und Blähton. Die Töpfe sollten klein sein.
Düngen: Das ganze Jahr über ausgewogen mit Volldünger. Von März bis November alle 14 Tage, im Winter alle drei Wochen.
Mögliche Probleme: Wenn neue Triebe erscheinen, sehr regelmäßig gießen, damit diese nicht in ihrer Entwicklung gehemmt werden und später deformiert sind.

ODONTOGLOSSUM

Die gefleckten Blüten der Natternzunge erinnern in ihren herrlichen Farben sehr an die typischen Farben ihrer Heimat. Leider ist die Zimmerkultur nicht ganz einfach.

ALLGEMEINES ZUR GATTUNG

Kultur: Leicht, aber im (geheizten) Zimmer kaum möglich.
Blütezeit: Frühling, Sommer, Herbst; Blühdauer ein bis zwei Monate.
Besonderheiten: Manche Arten duften.
Herkunft und Standort: Odontoglossum sind Epiphyten und leben in großen Höhenlagen zwischen 1800 und 3000 m an Waldrändern in den peruanischen und kolumbianischen Anden sowie in Mexiko. Dort herrscht sehr hohe Luftfeuchtigkeit. Diese Gattung umfasst etwa 100 Arten.
Klima: Kalt und mäßig kalt.

Oben: × *Odontocidium* 'Bolero'.
Rechts: × *Odontocidium* 'Biti'.
Rechte Seite: × *Odontocidium* 'Purbeck Gold'.

KULTURBEDINGUNGEN

Temperatur: Tagsüber 15 bis 20 °C, nachts 7 bis 14 °C, nächtliche Temperaturabsenkung um 10 °C. Man sollte nach Möglichkeit die Pflanzen von Juni bis Ende September draußen zu halten und im Winter in einem wenig geheizten Raum. Bedingt durch ihre Herkunft, vertragen Natternzungen Hitze nur schlecht. Wenn im Sommer die Temperatur 25 °C übersteigt, müssen die Pflanzen in den heißesten Stunden so viel Schatten wie möglich bekommen; abends werden sie durch Übersprühen der Blätter erfrischt.
Licht: Ein heller Standort fördert die Blüte, ein nach Norden ausgerichteter Standort ist ungeeignet. Im Sommer hat ein Platz in Ostrichtung den Vorteil, dass die Sonne das Laub nicht verbrennt; im Winter bietet ihnen ein Südfenster (ohne Sonnenschutz) tagsüber Licht und Wärme und steigert den nötigen Temperaturunterschied zwischen Tag und Nacht.
Wasser: Kalkarm, weich.

Gießen: Bis die Pseudobulben vollständig ausgebildet sind, reichlich und regelmäßig wässern, so dass das Substrat zwischendurch nicht austrocknet. »Durststrecken« während der Entwicklung der Pflanze wirken sich katastrophal aus und führen zu Verformungen des Laubes (»Ziehharmonikawuchs«). Sind die Pseudobulben ausgebildet, sollten Sie seltener gießen und den Pflanzstoff zwischen den Wassergaben trocknen lassen, bis neue Triebe erscheinen.
Luftfeuchtigkeit: 70 bis 80 %. Die Pflanzen vertragen keine trockene Luft, das Laub und die Substratoberfläche müssen übersprüht werden. Im Winter sollte die Pflanze im Haus zusätzlich über einem wassergefüllten Behälter stehen.
Ruhezeit: Nicht stark ausgeprägt.
Umtopfen: Alle zwei Jahre in einen kleinen Topf; doch nie im Sommer. Empfehlenswert sind Tontöpfe. Nach dem Umtopfen das Gießen zwei Wochen lang durch leichtes Befeuchten der Substratoberfläche ersetzen. Blätter und Substratoberfläche täglich übersprühen.
Substrat: Feine Kiefernrinde und Blähton, eventuell Torfmoos (Mischung aus einem Drittel *Sphagnum* und zwei Drittel Substrat eignet sich gut).
Düngen: In der Wachstumszeit wird bei jedem zweiten Gießen ein ausgewogener Volldünger gegeben. In der Ruheperiode wird nicht gedüngt.
Mögliche Probleme: Bei zu hoher Lichteinstrahlung werden die Blätter rot. In der Ruheperiode darauf achten, dass die Pseudobulben nicht welken und nicht mehr düngen.
Bemerkungen: Odontoglossum haben feine Wurzeln und können auf Korkplatten kultiviert werden, wenn die Luftfeuchtigkeit sehr hoch ist.
Ähnlich kultivierte Gattungen: Burgera, × Odontioda, × Odontocidium, × Odontonia, × Vuylstekeara.

Oncidium und Psychopsis

Der Zauber der *Oncidien* liegt vor allem in den üppigen Blütenständen, *Psychopsis* beeindrucken durch die Grazie der einzigen Blüte, die am Ende des Blütenschaftes erscheint.

Oben: *Psychopsis krameriana (Oncidium kramerianum)* ist in den aktuellen Sammlungen eher selten zu finden. Rechte Seite: *Oncidium* 'Grower Ramsey'.

Allgemeines zur Gattung

Kultur: Mittelschwer.
Blütezeit: Unterschiedlich je nach Art, vor allem Frühjahr und Herbst. Blühdauer *Oncidium* mindestens sechs Wochen, *Psychopsis* ununterbrochen.
Besonderheiten: Formen und Größe der Pflanzen sind sehr uneinheitlich, die Farben häufig sehr kräftig, die Blüten duften manchmal und sind oft sehr zahlreich.
Herkunft und Standort: Die Gattung umfasst 750 Arten, die über das ganze tropische Amerika und Mittelamerika verteilt sind. Sie leben in sehr unterschiedlichen Höhenlagen: von Meereshöhe bis in 4000 m. Da sie alle Epiphyten oder Lithophyten sind, mögen sie recht viel Licht.
Klima: Warm, temperiert, kalt.

Kulturbedingungen

Temperatur: Trotz der verschiedenen Höhenlagen, in denen sie vorkommen, können die meisten *Oncidium*-Arten in temperierter Umgebung kultiviert werden: Tagsüber 18 bis 25 °C, nachts 13 bis 16 °C, Temperaturabsenkung um 5 bis 7 °C. Dabei ist die Herkunft der betreffenden Art von kühlen oder wärmeren Standorten zu beachten.
Licht: Alle verlangen reichlich Licht, aber ohne direkte Sonne. Deshalb kommt ein Nordfenster nicht in Frage. Im Winter behagt ihnen ein freies Südfenster ohne Gardinen oder Vorhänge. Im Sommer müssen sie beschattet werden oder nach Osten ausgerichtet stehen, damit sie die Sonne nutzen können, aber nicht verbrennen. *Oncidium*-Arten mit weichen Blättern verlangen weniger Licht als die mit harten oder dicken Blättern.
Wasser: Kalkarm, weich.
Gießen: Der Gießrhythmus muss dem Vegetationsrhythmus der Pflanze angepasst sein, das heißt, während der Entwicklung der Pseudobulben muss reichlich und häufig gewässert werden. Lassen

Sie das Substrat zwischendurch abtrocknen (der Topf muss leichter werden). Es ist sehr wichtig, dass die Pflanze das Gießwasser rasch verbraucht. Wenn die Pseudobulben ausgebildet sind, wird nur noch die Substratoberfläche leicht befeuchtet.

Luftfeuchtigkeit: 50 bis 60 %. Diesen Wert erreicht man durch sehr leichtes Besprühen der Luftwurzeln, der Substratoberfläche und der Blattunterseiten. *Oncidium*-Arten mit dicken Blättern vertragen keine Benetzung des Laubes: Hier wird nur das Substrat besprüht und die Pflanze über einen Wasserbehälter gestellt. Stets auf ausreichende Luftfeuchtigkeit achten.

Ruhezeit: Nicht ausgeprägt.

Umtopfen: Unbedingt alle zwei Jahre, wenn die Pflanze neu austreibt. *Oncidium* mögen keine großen Töpfe! Achten Sie deshalb darauf, dass ihre Wurzeln den Topf gut ausfüllen. Gitter- oder Tontöpfe sind empfehlenswert.

Substrat: Mittelgrobe Kiefernrinde und Blähton.

Düngen: Bei jedem zweiten Gießen während der Wachstumsphase ausgewogenen Volldünger geben. Wird nur das Substrat angefeuchtet, nicht düngen.

Mögliche Probleme: Die jungen Triebe dürfen nie nass werden (Fäulnisgefahr). Wenn sie im Freien kultiviert werden, auf möglichen Schneckenbefall achten.

Bemerkungen: Eine Kultur auf Korkplatten ist einfach und eine ausgezeichnete Lösung für das Problem, einen guten Gießrhythmus zu finden.

PAPHIOPEDILUM

Der Frauenschuh zählt zu den beliebtesten Orchideen überhaupt! Ob sie nun ein- oder mehrblütig ist oder die Blüten nacheinander öffnet: Jede *Paphiopedilum*-Art hat ihren besonderen Charme.

***P**aphiopedilum glaucophyllum* ist eine der seltenen Arten mit nacheinander aufgehenden Blüten.
Rechte Seite: *Paphiopedilum* 'Saint Swithin'.

ALLGEMEINES ZUR GATTUNG

Kultur: Leicht. *Paphiopedilum*-Arten mit einfarbig grünem Laub stellen aber Temperaturanforderungen, die mit der Zimmerkultur nicht vereinbar sind, wenn dort eine konstante Temperatur über 18 °C herrscht.
Blütezeit: Sehr unterschiedlich; Blühdauer bei den meisten ein bis zwei Monate, bei Arten, die ihre Blüten nacheinander öffnen, acht bis neun Monate.
Besonderheiten: Die besondere Form ihres Labellums, der sie ihre volkstümlichen Bezeichnungen »Venusschuh« oder »Frauenschuh« verdanken, macht sie so besonders beliebt. Die Petalen sind bei den meisten mehrblütigen *Paphiopedilum*-Arten besonders lang.
Herkunft und Standort: Die rund 70 bis heute verzeichneten Arten stammen aus China, dem Himalaja, Südostasien und von den benachbarten Inseln. Sie sind selten Epiphyten, bevorzugen vielmehr schattige Berghänge oder Schluchten und klammern sich an Felsen, wobei die Wurzeln in Moos eingebettet sind.
Klima: Kalt, temperiert.

KULTURBEDINGUNGEN

Temperatur: Paphiopedilum-Arten mit geflecktem (marmoriertem) Laub verlangen tagsüber 18 bis 25 °C, nachts 13 bis 16 °C, nächtliche Temperaturabsenkung um 5 bis 8 °C; sie lassen sich gut in der Wohnung ziehen. Arten mit einfarbig grünem Laub brauchen niedrigere Temperaturen: tagsüber 15 bis 20 °C, nachts 8 bis 15 °C, also Temperaturunterschiede von 8 bis 10 °C; die Kultur muss in einem kühlen Raum erfolgen. Im Sommer bekommt ein Aufenthalt im Garten beiden Gruppen gut, wobei die Dauer von den Temperaturansprüchen abhängt.
Licht: Paphiopedilum vertragen keine allzu hellen Standorte und können deshalb allen empfohlen wer-

den, die nur Nordfenster zur Verfügung haben. Stehen die Pflanzen vor einem sehr hellen Fenster, brauchen sie einen gewissen Abstand zur Fensterscheibe oder sie benötigen einen Sonnenschutz.
Wasser: Die Gattung bildet eine Ausnahme, denn viele Arten brauchen kalkhaltiges Wasser!
Gießen: Sehr regelmäßig; das Substrat darf nie austrocknen, denn bei Trockenheit sterben die Wurzeln ab!
Luftfeuchtigkeit: 50 bis 60 %. Blattoberseiten und Blütenknospen nicht übersprühen.
Ruhezeit: Keine.
Umtopfen: Jedes Jahr im Frühling oder Herbst. Nach dem Umtopfen wird die Substratoberfläche täglich leicht befeuchtet; nach acht bis zehn Tagen das Gießen wieder aufnehmen.
Düngen: Das ganze Jahr über, am besten über eine Blattdüngung; dabei nur die Hälfte der auf der Packung genannten Dosierung verwenden. Geben Sie abwechselnd Dünger mit hohem Stickstoff- und mit erhöhtem Phosphoranteil und gießen Sie nach dem Düngen mindestens zweimal mit klarem Wasser nach.
Substrat: Eine Mischung aus einem Drittel Torfmoos und zwei Drittel feiner Kiefernrinde, der Dolomitkalk (2 g/l) beigegeben wird. Etwas unbehandelte Holzkohle im Pflanzstoff verhindert die Gefahr von Wurzelfäule, die durch das häufige Gießen entstehen könnte.
Mögliche Probleme: Wegen des empfindlichen Wurzelhalses (er fault leicht), dürfen sie beim Umtopfen nicht zu tief eingepflanzt werden.
Bemerkungen: Ein paar herrliche Raritäten dieser Gattung sind als erwachsene Pflanzen nur zu unbezahlbaren Preisen erhältlich. Tipp: Sie werden auch als Jungpflanzen gehandelt, die erst zehn oder 15 Jahre später blühen. Doch wer so lange Geduld hat, wird durch die außergewöhnliche Schönheit der Blüten belohnt.

PHALAENOPSIS

Die Nachtfalter- oder Schmetterlingsorchidee wird häufig empfohlen, wenn man eine Orchidee erwerben oder verschenken möchten. Sie ist leicht zu pflegen und das macht aus ihr eine besonders edle Zimmerpflanze, die selbst unter Orchideen ihresgleichen sucht.

Oben: Die berühmte *Phalaenopsis violacea* 'Borneo' mit den stark duftenden Blüten.
Rechte Seite: *Phalaenopsis* 'Gustave Caillebotte'.

ALLGEMEINES ZUR GATTUNG

Kultur: Sehr leicht.
Blütezeit: Die Hauptblütezeit ist Frühjahr; die Blühdauer beträgt bei Hybriden zwei bis drei Monate, bei reinen Arten ein bis drei Monate.
Besonderheiten: Viele Arten tragen duftende Blüten. Zahlreiche Hybriden blühen zweimal jährlich, wenn sie ausgewachsen sind. Wieder andere Arten haben herrliches geflecktes Laub (z. B. *P. philippinensis, P. schilleriana, P. stuartiana* und ihre Nachkommen).
Herkunft und Standort: Die Gattung umfasst 48 Arten und Tausende von Hybriden. *Phalaenopsis* leben in geringen Höhenlagen um 200 bis 400 m in den dichten, feuchtwarmen Wäldern Indonesiens, der Philippinen, Australiens und Neuguineas. Die meisten sind Epiphyten; sie entwickeln sich auf den oberen Ästen von Bäumen, die sie durch ihr dichtes Blattwerk vor der Sonne schützen. Das ganze Jahr über sind die Pflanzen täglichen Regengüssen ausgesetzt und kennen so keine Ruhezeit. Ihre Position auf den Bäumen ist bemerkenswert: Die Blätter sind nicht nach oben gerichtet, sondern nach unten; so können Regenwasser und Feuchtigkeit daran ablaufen, und die Pflanze ist vor Blattfäule geschützt. Die hohe Luftfeuchtigkeit wird durch eine starke Luftbewegung ausgeglichen.

KULTURBEDINGUNGEN

Temperatur: Ganzjährig (besonders von August bis September) tagsüber 18 bis 35 °C, nachts 16 bis 25 °C, Temperaturabsenkung nachts um 2 bis 5 °C.
Licht: Die Himmelsrichtung spielt keine große Rolle, doch vertragen die Pflanzen keine sehr hellen Standorte und erst recht keine direkte Sonne.
Wasser: Kalkarm, weich.
Gießen: Alle drei bis zehn Tage, wobei der Topf vor jedem Gießen leichter werden muss.
Luftfeuchtigkeit: 50 bis 70 %. Sie wird erreicht durch tägliches, mor-

gendliches Besprühen der Blattunterseiten, der Substratoberfläche und der Luftwurzeln; außerdem stellt man die Pflanzen über einer mit Wasser gefüllten Schale auf.
Ruhezeit: Keine.
Umtopfen: Alle zwei Jahre im Frühjahr oder Sommer nach der Blüte.
Substrat: Mittelfeine Kiefernrinde und Blähton. Miniaturarten und Hybriden können gut auf Korkplatten aufgebunden werden.
Düngen: Ausgewogener Volldünger das ganze Jahr über. Eine einmalige Gabe von phosphorbetontem Dünger im August/ September unterstützt die Bildung der Blüten.
Mögliche Probleme: Die Blattoberseiten dürfen nicht nass werden und ins Herz der Pflanze darf kein Wasser gelangen. In feuchter Umgebung ist eine gute Luftzirkulation wichtig. Der Blütenschaft wird gleich nach der Blüte zwischen dem zweiten und dritten Auge von unten abgeschnitten. Aus einem der Augen entwickelt sich dann in 80 Prozent der Fälle ein neuer Blütenschaft. Wenn sich die Blütenknospen gerade entwickeln, sollten Sie die Pflanze nicht verrücken, sondern solange damit warten, bis sich die ersten Blüten öffnen. Übersprühen Sie die Knospen gut, allerdings nicht die offenen Blüten, und lassen Sie ihnen so viel Licht wie möglich zukommen. Vermeiden Sie einen kalten Luftzug. *Phalaenopsis* werden auch im Sommer ausschließlich drinnen gehalten.
Ähnlich kultivierte Gattungen: Kingidium.

PHRAGMIPEDIUM

Diese faszinierende Gattung ist bisher beim breiten Publikum noch kaum bekannt. Doch wer sie erst einmal entdeckt hat, wird von ihren herrlichen Blüten verzaubert.

ALLGEMEINES ZUR GATTUNG

Kultur: Sehr leicht.
Blütezeit: Frühjahr und Herbst; Blühdauer drei bis vier Monate, bei manchen sogar bis elf Monate.
Besonderheiten: Die Blüten öffnen sich nacheinander. Die kürzlich entdeckte Art *Phragmipedium besseae* besitzt auffallende, kräftig rote Blüten (diese Farbe gab es bis dahin bei dieser Gattung nicht), die aussehen wie Samt und sich auch so anfühlen! Diese Art ist einfach herrlich und bringt noch dazu leicht zu kultivierende, schöne Nachkommen hervor.
Herkunft und Standort: Wir kennen etwa 22 *Phragmipedium*-Arten aus Mittel- und Südamerika (Peru, Bolivien, Brasilien, Ecuador, Venezuela, Kolumbien und Guayana). Sie leben festgeklammert in Felsschluchten inmitten einer dichten Vegetation, häufig in der Nähe von Wasserfällen in einer sehr feuchten, luftigen Umgebung. Ihre Wurzeln entwickeln sich auf moosbedeckten Felsen.
Klima: Temperiert, mäßig warm.

Oben: *Phragmipedium besseae* gehört sicher zu den schönsten Arten der Gattung. Rechte Seite: *Phragmipedium sedenii.*

KULTURBEDINGUNGEN

Temperatur: Tagsüber 16 bis 28 °C, nachts 15 bis 20 °C, Temperaturabsenkung um 5 bis 8 °C. *Phragmipedium besseae* und seine Hybriden vertragen keine zu hohen Temperaturen.
Licht: Sie mögen weder direkte Sonne noch zu intensives Licht. An einem Ost-, West- oder im Winter an einem Südfenster fühlen sich die Pflanzen wohl; *Phragmipedium besseae* und seine Hybriden gedeihen am besten an einem Nordfenster.
Wasser: Kalkarm, weich.
Gießen: Sehr regelmäßig. Das Substrat darf nie austrocknen, denn

Durst verträgt diese Gattung überhaupt nicht. Ausnahmsweise darf der Topf in der Wachstumsphase und bei großer Hitze 0,5 cm tief im Wasser stehen.
Luftfeuchtigkeit: 60 bis 80 %. Blattunterseiten und Substratoberfläche täglich außerhalb der heißen Stunden übersprühen.
Ruhezeit: Keine.
Umtopfen: Jährlich, am besten im Frühling oder wenn die neuen Triebe erscheinen.
Substrat: Feine Kiefernrinde, Blähton und Torfmoos; auf den Topfboden kommen Styroporstücke.
Düngen: Das ganze Jahr über 14-tägig ausgewogenen Volldünger in halber Dosierung geben; Blattdünger meiden. Nach jedem Düngen mindestens zweimal mit klarem Wasser gießen.
Mögliche Probleme: Das Herz der Triebe darf nicht nass werden. Bei sehr hoher Luftfeuchtigkeit für gute Lüftung sorgen, damit es nicht zu Fäulnis kommt.
Bemerkung: Die meisten *Phragmipedium*-Arten sind genauso leicht zu kultivieren wie *Phalaenopsis*.

Vanda

Vanda besitzt als eine der wenigen Gattungen blaue Blüten! Doch bieten sie und ihre Verwandten noch andere überraschende Farben wie Rosa, Weiß, Gelb oder Zinnoberrot an.

ALLGEMEINES ZUR GATTUNG

Kultur: Wegen ihrer hohen Ansprüche an Licht und Feuchtigkeit lässt sich diese Gattung nur schwer in der Wohnung ziehen.
Blütezeit: Sommer, Herbst; Blühdauer etwa zwei Monate.
Besonderheiten: Vanda coerulea ist eine der wenigen wirklich blau blühenden Orchideen. Die reine Art ist selten, findet sich aber häufig in gleichfarbigen Hybriden wieder, die – je nachdem, welche andere Elternpflanze beteiligt ist – mehr oder weniger dunkel ausfallen.
Herkunft und Standort: Die Gattung umfasst 30 bis 40 epiphytisch oder lithophytisch lebende Arten in ganz Südostasien, China, Myanmar, im Himalaja, auf Sri Lanka, den Philippinen und in Nordaustralien. Die Höhen, in denen sie anzutreffen sind, variieren bei bestimmten Arten zwischen Meereshöhe und 1500 m.
Klima: Kalt, temperiert, warm.

KULTURBEDINGUNGEN

Temperatur: Vanda-Arten aus warmem Klima: tagsüber 18 bis 35 °C, nachts 15 bis 30 °C, Temperaturabsenkung um 2 bis 5 °C. Arten aus kaltem Klima können gut in gemäßigter oder kalter Umgebung kultiviert werden. Hier muss die Nachttemperatur um 5 bis 10 °C niedriger liegen.
Licht: So reichlich wie möglich. Nur eine Südlage kommt in Frage, die Pflanzen brauchen von März bis November aber Sonnenschutz. Im Winter wird volle Sonne oder künstliches Licht benötigt.
Wasser: Kalkarm, am besten lauwarm.
Gießen: Das ganze Jahr über regelmäßig und häufig.

Ruhezeit: Keine.
Luftfeuchtigkeit: 80 bis 90 %. Blattunterseiten und Luftwurzeln täglich besprühen, dabei darauf achten, dass kein Wasser in den Blattachseln steht. Wichtig ist, für eine gute Lüftung zu sorgen.
Umtopfen: Alle zwei Jahre in Gittertöpfe oder Körbe, damit die Wurzeln gut atmen und wachsen können. Erst umtopfen, wenn die Pflanze einen neuen Wurzelkranz entwickelt.
Düngen: Das ganze Jahr über alle 14 Tage mit einem ausgeglichenen Blattdünger.
Substrat: Grobe Kiefernrinde und Blähton, die beide einen guten Wasserabfluss ermöglichen.
Bemerkungen: Vanda mit runden Blättern brauchen das ganze Jahr über volle Sonne. Die glücklichen Besitzer eines Wintergartens oder auch eines temperierten oder warmen Gewächshauses können diese herrliche Gattung problemlos kultivieren. Die Hybriden, die in enger verwandtschaftlicher Beziehung zu *Vanda coerulea* stehen, sind leichter zu ziehen, und ihre Kultur scheint sogar in der Wohnung möglich zu sein.
Ähnlich kultivierte Gattungen: Aerides, × Ascocenda, Dimorphorchis, Renanthera, × Renanthopsis.

Oben und linke Seite: *Ascocenda* 'Mélodie' × *Vanda* 'Valse bleue'. Die Hybride wird wegen ihrer Blühhäufigkeit sehr geschätzt.

VANILLA

Diese Pflanze kennt fast jeder – doch wer weiß schon, dass sie zur Familie der Orchideengewächse gehört? Noch dazu wächst die Vanillepflanze wie eine Liane. Nach der Befruchtung bringt sie die wertvollen Früchte hervor.

ALLGEMEINES ZUR GATTUNG

Kultur: Leicht zu ziehen, aber in unseren Klimaten nur schwer zum Blühen zu bringen.
Blütezeit: Sommer, Herbst; Blühdauer ein paar Stunden pro Blüte.
Besonderheiten: Nur einige Arten produzieren die bekannten Früchte, deren Duft und Aroma wir so schätzen und die zu den teuersten und seltensten Gewürzen gehören.
Herkunft und Standort: Es gibt etwa 140 *Vanilla*-Arten in Südamerika, Asien und Afrika. Sie alle sind Schlingpflanzen, was sie von den anderen Orchideen-Arten unterscheidet: Sie wachsen wie Lianen an Baumstämmen empor und blühen, wenn sie die Wipfel erreicht haben, denn dort sind sie näher am Licht! Sie mögen besonders feuchtwarme Wälder.
Klima: Warm und feucht.

Unten: *Vanilla pompona,* bei der sich gerade Blüten und Früchte bilden.
Rechte Seite: Diese junge *Vanilla planifolia* windet sich an einem mit Moos überzogenen Stab hoch.

KULTURBEDINGUNGEN

Temperatur: Tagsüber 18 bis 35 °C, nachts 15 bis 30 °C, Temperaturabsenkung nachts um 2 bis 3 °C.
Licht: Vanille liebt viel Licht, verträgt aber keine zu starke Sonne (besonders im Zeitraum von Mitte Februar bis November zwischen 11 und 18 Uhr). Ein Standort an einem Südfenster mit Sonnenschutz erhöht also ihre Blühbereitschaft, ebenso wie eine zusätzliche künstliche Beleuchtung.
Wasser: Kalkarm, weich.
Gießen: Je nach Topfgröße ein- bis zweimal wöchentlich.
Luftfeuchtigkeit: 80 bis 90 %. Vanille braucht hohe Luftfeuchtigkeit: Dazu können ohne Weiteres ein- bis zweimal täglich (morgens und mittags) ihre Blätter und zahlreichen Luftwurzeln übersprüht werden, allerdings nicht die jungen, sich bildenden Blätter. In feuchter

Umgebung ist für ausreichende Luftbewegung zu sorgen, damit keine Fäulnis entsteht.
Ruhezeit: Keine.
Umtopfen: Alle zwei Jahre, am besten in einen Tontopf, damit die Pflanze fest steht.
Stützen: Da sie sich wie eine Liane verhält und auch so viele Luftwurzeln entwickelt, muss sich die Vanille auf einer Unterlage festhalten können (dazu geeignet ist eine moosüberzogene Stütze, ein Gitter, eine Wand usw.).
Substrat: Feine oder mittelfeine Kiefernrinde und Blähton.
Düngen: Das ganze Jahr über alle 14 Tage ausgewogenen Blattdünger geben.
Besondere Kultur: Durch das Festbinden der Schlingpflanze auf der Stütze wird das rasche, zuweilen überhand nehmende Wachstum dieser ungewöhnlichen Orchidee in Grenzen gehalten.
Bemerkung: Eine *Vanilla* kann blühen, wenn sie 3 oder 4 m lang ist.

ZYGOPETALUM

Die Blüte allein ist schon unglaublich schön – aber erst recht der Duft ist unwiderstehlich! Die *Zygopetalum*-Blüten weisen als Merkmal eine große Schwiele am Grund der Lippe auf.

ALLGEMEINES ZUR GATTUNG

Kultur: Leicht. Die Temperaturanforderungen sind nicht mit einer ganzjährigen Zimmerkultur vereinbar.
Blütezeit: Herbst, Winter; Blühdauer ein bis zwei Monate.
Besonderheiten: Der sehr angenehme Duft der Blüten erinnert an Hyazinthen.
Herkunft und Standort: Diese Gattung umfasst 18 Arten, die vor allem aus Brasilien stammen. Sie sind fast alle Erdorchideen und leben in gemäßigten Höhen.
Klima: Temperiert.

KULTURBEDINGUNGEN

Temperatur: Tagsüber 18 bis 28 °C, nachts 13 bis 16 °C, Temperaturabsenkung um 5 bis 8 °C.
Licht: Die Pflanzen verlangen reichlich Licht, vertragen aber keine direkte Sonne. Wenn sie im Sommer im Freien stehen, können sie mit *Cymbidium* zusammen gehalten werden. Im Winter müssen sie an einem Südfenster stehen.
Wasser: Kalkarm, weich.
Gießen: In der aktiven Wachstumsphase regelmäßig und reichlich wässern. Wenn die Pseudobulben ausgebildet sind (September/Oktober), das Substrat nur leicht befeuchten. Sobald Neutriebe sichtbar sind, wieder gießen.
Luftfeuchtigkeit: 60 bis 65 %. Nicht auf die Blätter sprühen, da sie von der Feuchtigkeit fleckig werden. Tägliches Übersprühen des Substrats genügt.
Ruhezeit: Leichte Ruheperiode im Herbst.
Umtopfen: Alle zwei Jahre im Frühling. *Zygopetalum*-Arten wachsen schnell, weshalb ausreichend große Töpfe nötig sind, die die Wurzelentwicklung nicht behindern.

Substrat: Mittelfein auf der Basis von Kiefernrinde, Blähton, *Sphagnum* oder Torf.
Düngen: Solange die Pflanze reichlich gegossen wird, alle 14 Tage ausgewogenen Volldünger geben. Wenn nur das Substrat befeuchtet wird, nicht düngen. Keinen Blattdünger verwenden.
Mögliche Probleme: Die jungen Triebe dürfen keinesfalls nass werden.

Oben und linke Seite: Die Hybride *Zygopetalum* 'Perrenoudii' besitzt besonders dunkle, stark duftende Blüten. Sie braucht deutliche Temperaturunterschiede zwischen Tag und Nacht.

KRANKHEITEN UND

Leider können Orchideen, wie alle anderen Pflanzen auch, von Krankheiten befallen werden und allerlei Schädlinge anziehen. Im Folgenden zeigen wir, wie man diese Störenfriede erkennt – und wie man sie bekämpfen kann.

TIERISCHE SCHÄDLINGE

Spinnmilben (»Rote Spinnen«) auf einem Orchideenblatt.

SPINNMILBEN

»Rote Spinnen« sitzen bevorzugt an den Blattunterseiten, sie werden magisch angezogen von Orchideen mit zarten Blättern (wie *Cymbidium, Lycaste* usw.) und treten besonders bei niedriger Luftfeuchtigkeit auf. Man erkennt sie als kleine bewegliche, rote Punkte. Aufgrund ihrer Saugtätigkeit nehmen die Blätter ein silbergraues Aussehen an. Häufig treten Spinnmilben massenhaft auf.

► Bekämpfung: Wenn auch das Feuchthalten der Atmosphäre, sprich eine hohe Luftfeuchtigkeit, Spinnmilben fernhält, so muss doch bei einem starken Befall eine Behandlung mit einem speziellen, nützlingsschonenden Pflanzenschutzmittel erfolgen (z. B. mit Präparaten auf der Basis von Kaliseife oder Mineralöl): Am besten besprühen Sie die Blätter zweimal im Abstand von drei Wochen von beiden Seiten, falls die umgebende Temperatur unter 16 °C liegt; bei hohen Temperaturen über 25 °C müssen Sie wöchentlich behandeln.

WOLLLÄUSE

Woll- oder Schmierläuse erkennt man an den kleinen, watteähnlichen Wachsausscheidungen, die sie umgeben und den Eindruck erwecken, als sei die Pflanze mit Mehl überstäubt. Die Tiere verstecken sich gern überall dort, wo man sie schlecht sieht, z. B. in den Blattachseln, zwischen Pseudobulbe und der sie umhüllenden Blattscheide oder in den Falten der Blätter. Dummerweise erkennt man sie meist erst, wenn die Pflanze ernsthaft befallen und durch die Saugtätigkeit bereits geschwächt ist.

SCHILDLÄUSE

Schildläuse erscheinen als braune oder hellgraue, gewölbte »Panzer«, mit denen sie an den Blättern haften. Auch sie haben die ärgerliche Angewohnheit, sich am liebsten unter den Blättern anzusiedeln, wo man sie nicht immer so schnell entdeckt.

► Bekämpfung: Oft wird dazu geraten, Schildläuse einzeln mit Hilfe eines in Brennspiritus getränkten Wattestäbchens zu entfernen. Doch diese Methode ist nicht sehr wirksam, setzt sehr viel Geduld voraus und verlangt ständige Aufmerksamkeit.

Besser ist, ordentlich durchzugreifen, indem man die befallenen Pflanzen isoliert und ein spezielles Insektizid

SCHÄDLINGE

Wollläuse auf einem *Angraecum*-Blatt.

auf Mineralölbasis gegen Schildläuse anwendet, wie man es im Fachhandel kaufen kann. Die Behandlung muss zweimal im Abstand von acht oder zehn Tagen erfolgen. Dieser zeitliche Abstand ist wichtig, da die Insektizide nur die erwachsenen Schildläuse erreichen und nicht die Larven, die eine Entwicklungszeit von zwei bis drei Wochen haben. Schildlausbefall kann eine ernste Bedrohung für Orchideen darstellen.

SCHNECKEN

Nackt- und kleine Gehäuseschnecken tun sich an den Luftwurzeln und zarten Blättern und Blüten der Orchideen gütlich. Da Schnecken auf eine feuchte Umgebung angewiesen sind, treten sie kaum jemals auf der Fensterbank auf, dafür umso häufiger in Sommerquartieren oder in feuchten Ecken von Wintergärten und Gewächshäusern. Sie siedeln sich oft auf Pflanzen an, die den Sommer über im Freien standen und machen sich nach dem Einräumen im Herbst auch über die Nachbarpflanzen her. Die verursachten Schäden stehen in keinem Verhältnis zur Körpergröße: Schnecken sind wahre Vielfraße, die besonders gern an jungen Pflanzenteilen fressen. Sie müssen deshalb bekämpft werden.

► Bekämpfung: Bei geringem Befall die Tiere einsammeln und täglich kontrollieren. Wenn nötig, die Oberfläche der Pflanzen mit einem zugelassenen Schneckenmittel überstäuben. Aber halten Sie ihre Haustiere von den behandelten Pflanzen fern, denn die Mittel können für sie tödlich sein.

AMEISEN

Ameisen sind ausgezeichnete Indikatoren für einen Befall mit Läusen, da sie von den süßen Absonderungen (Honigtau) der Schild-, Schmier- und Blattläuse angezogen werden! Ihr Erscheinen ist als Alarmzeichen zu deuten und Sie sollten sofort reagieren.

► Bekämpfung: Die Läuse als Ursache des Ameisenbefalls bekämpfen.

TAUSEND- UND HUNDERTFÜSSLER

Wie schon ihr Name andeutet, sind diese kleinen Insekten mit einer Unzahl von Beinchen versehen: Hundertfüßler besitzen ein Beinpaar je Segment, bei den Tausendfüßlern weist jedes Segment zwei Beinpaare auf. Sie befallen verrottetes oder auch durchweichtes Substrat und beschleunigen seine Kompostierung. In geringer Zahl stellen sie keine Gefahr dar, wenn sie hingegen massenhaft auftreten, greifen sie die Wurzeln an.

► Bekämpfung: Das wirksamste Mittel ist, die Pflanze sofort umzutopfen oder das Substrat trocken zu halten. Falls das nicht gleich möglich ist, reicht ein einmaliges Übersprühen der Topfoberfläche mit einem entsprechenden Insektizid, um sie loszuwerden.

BLATTLÄUSE

Diese Plagegeister befallen besonders zarte, junge Pflanzenteile wie Blütenknospen und junge Triebe und scheinen eine ganz besondere Vorliebe für gelbe Blüten zu haben. Sie sind 1 bis 3 mm lang, in der Jugend weiß und als ausgewachsene Tiere grünlich. Blattläuse ernähren sich vom Saft der Pflanze und wie jedes saugende Insekt übertragen sie gefährliche Krankheiten (z. B. Virosen). Sie bringen nicht unbedingt das Leben der Pflanze in Gefahr, können sie aber sehr schwächen.

► Bekämpfung: Wenn Blattläuse auf den Blüten oder den Knospen sitzen, ist es schwierig, sie mit einem Insektizid zu behandeln, ohne Gefahr zu laufen, die Blüte zu stören. Hier reicht es, sie einfach mit Wasser abzuspülen. Wenn die Blätter befallen sind, genügt häufig ein einmaliges Besprühen mit einem nützlingsschonenden Insektizid. Als praktisch erweisen sich die im Fachhandel erhältlichen Zäpfchen oder Stäbchen, die in das Substrat gesteckt werden und deren Wirkstoffe über die Wurzeln aufgenommen werden. Über die Wasserleitungsbahnen gelangen sie dann in die anderen Pflanzenteile und bringen die daran saugenden Läuse zum Absterben.

Blattläuse auf einer *Paphiopedilum*-Blüte.

VORSICHTSMASSNAHMEN BEIM EINSATZ VON INSEKTIZIDEN UND FUNGIZIDEN

- Für Orchideen werden die gleichen Insektizide und Fungizide verwendet wie für andere Zierpflanzen. Man bekommt sie in Handelsgärtnereien, Gartencentern und Samenhandlungen sowie bei allen Orchideenspezialisten. Es ist stets die schwächste auf der Verpackung angegebene Dosierung anzuwenden.
- Meiden Sie Insektizide, die in Sprühdosen verkauft werden; besser sind solche, die im Zerstäuber verwendet werden. Sie müssen auf jeden Fall mit der für giftige Stoffe gebotenen Vorsicht arbeiten, das heißt: Hände und Augen schützen, Mundschutz tragen, die Pflanzen isolieren, die Mittel unzugänglich für Kinder und Haustiere aufbewahren. Die trockene Pflanze wird frühmorgens behandelt und man wartet zwei Tage bis zum nächsten Gießen.

PFLANZENKRANKHEITEN

GRAUSCHIMMEL

Der Schadpilz *Botrytis* befällt die Blüten und überzieht sie mit schwarzen Flecken (»Stippen«). Er entwickelt sich vor allem im Gewächshaus, wenn die Blüten nass sind oder wenn die Luftfeuchtigkeit zu hoch ist, verbunden mit unzureichender Lüftung und zu niedriger Temperatur.

► Bekämpfung: Stets ausreichend lüften! Spritzen Sie bei Bedarf ein Fungizid, um die Verbreitung zu verhindern und schneiden Sie befallene Blüten ab.

BAKTERIENKRANKHEITEN

Sie begünstigen das Entstehen von Fäulnis. Bei Orchideen sind *Erwinia* und *Pseudomonas* die häufigsten Erreger. Die Infektionen werden auf den Blättern zunächst in Form eines schwammigen, dunkelgrünen Fleckes sichtbar, der mit der Zeit braun wird, während sich die Wunde zugleich vergrößert. Mit der Zeit ist die ganze Pflanze betroffen und verfault unausweichlich.

► Bekämpfung: Vor allem muss der befallene Pflanzenteil mit einem sterilisierten Messer abgeschnitten und vernichtet werden; die Pflanze sollte isoliert stehen. Hat man sie angefasst, muss man sich die Hände gründlich desinfizieren, um die Krankheit nicht auf andere Pflanzen zu übertragen. Anschließend wird ein Produkt auf Kupfersulfatbasis auf die Schnittfläche aufgetragen. Achten Sie darauf, dass die Blätter nicht nass werden, solange die Infektion nicht ausgeheilt ist.

UMFALLKRANKHEIT, WEICH- ODER SCHWARZFÄULE

Hier handelt es sich um Infektionen durch Schwächepilze, meist *Pythium*- und *Phytophtora*-Arten. Die Erreger befallen vornehmlich die Blätter und Pseudobulben. Weichfäulen kommen häufig bei *Cattleya* vor und werden durch zu hohe Luftfeuchtigkeit, unzureichende Lüftung und zu reichliches Gießen begünstigt. Es bilden sich wässrig-gelbe Flecken auf den Blättern und Pseudobulben, die schließlich schwarz werden und die ganze Pflanze überziehen.

► Bekämpfung: Sobald der erste Fleck auftaucht, wird der befallene Teil mit einem sterilen Messer herausgeschnitten und ein Pilzmittel aufgetragen. Die Pflanze wird von den anderen abgesondert und an einem gut belüfteten Platz bei etwa 20 °C aufgestellt. Nach Gebrauch wird das Messer zum Sterilisieren abgeflammt.

WURZELFÄULE

Sie wird unter anderem von Schwächepilzen wie *Pythium* oder *Phytophthora* verursacht und befällt die Wurzeln, wenn die Pflanze zu viel gegossen wird. Diese Pilzinfektion tritt häufig bei Orchideen mit Pseudobulben auf und überzieht am Ende die gesamte Pflanze. Die Wurzelfäule breitet sich entlang der Pseudobulben und der Blätter nach oben aus, die sich daraufhin schwarz färben.

► Bekämpfung: Die Pflanze wird aus dem Topf genommen, befallene Teile werden mit einem sterilen Werkzeug entfernt und die Wurzeln dann in eine Fungizidlösung getaucht. Sie müssen einen Tag trocknen, bevor man die Pflanzen wieder eintopft.

Bakteriose an einer *Phalaenopsis*.

FRAGEN UND

BLÜHEN ORCHIDEEN JEDES JAHR?

Entgegen mancher Vorurteile blühen sämtliche Orchideenarten jedes Jahr, manche auch zweimal im Jahr (wie z. B. *Phalaenopsis*). Es gibt auch Hybriden oder Arten, deren Blüten sich nach und nach öffnen und die somit über acht bis neun Monate hinweg blühen (etwa *Psychopsis,* bestimmte *Paphiopedilum-* und *Phragmipedium-*Arten).

WIE LANGE BLÜHT EINE ORCHIDEE?

Die Blühdauer kann zwischen ein paar Stunden und mehreren Monaten betragen. *Phalaenopsis* halten mit zwei bis drei Monaten den Rekord; die meisten gehandelten Orchideen blühen ein bis drei Monate lang.

WIE LANGE LEBT EINE ORCHIDEE?

Eine Orchidee kann jahrelang leben. Manche Orchideenfreunde besitzen Pflanzen, die zwanzig Jahre und älter sind!

IST ES NORMAL, DASS DIE BLÄTTER EINER ORCHIDEE PLÖTZLICH WEICH WERDEN?

Nein. Dieses Symptom deutet darauf hin, dass die Pflanze dabei ist zu vertrocknen. Zwei gegensätzliche Faktoren können dieses Phänomen verursachen:

■ FEHLENDES GIESSEN, ALSO ZU WENIG FEUCHTIGKEIT

Diese – eigentlich logische – Ursache ist noch am wenigsten schlimm. Sobald man wieder regelmäßig gießt und die Luftfeuchtigkeit um die Pflanze herum erhöht, wird die Orchidee allmählich wieder so kräftig wie eh und je.

■ ZU REICHLICHES GIESSEN

So erstaunlich das erscheinen mag, kann doch ein Überschuss an Wasser zum Austrocknen der Pflanze führen: Wird sie zu häufig gegossen, hat die Pflanze nicht genug Zeit, alles Wasser aufzu-

ANTWORTEN

Links: *Vanda tricolor.* Linke Seite: *Psychopsis* 'Butterfly' entstand aus einer Kreuzung zwischen *Psychopsis (Oncidium) papilio* und *Oncidium (Psychopsis) sanderae.* Sie blüht das ganze Jahr über.

nehmen, die Wurzeln verfaulen und die Orchidee, die nichts mehr aufnehmen kann, vertrocknet schließlich. Dieser Kulturfehler lässt sich am schwierigsten korrigieren. Nur noch die Bildung neuer Wurzeln kann die Pflanze retten.

Um die Entstehung eines neuen Wurzelkranzes anzuregen, kann man auf eine häufig angewendete Technik zurückgreifen: Die Pflanze wird in eine durchsichtige Kunststofftüte auf eine feuchte Torfmoosschicht gestellt. Dabei muss man regelmäßig in die Tüte hineinblasen, um sie ständig aufgebläht zu halten. Diese Methode funktioniert gut, und oft erscheinen nach ein paar Wochen neue Wurzeln – das ist der Moment, in dem die Pflanze in einen Topf mit sehr kleinem Durchmesser umgetopft werden muss, wobei ein feinkörniges, mit *Sphagnum* versetztes Substrat verwendet wird. Gegossen wird erst wieder, wenn sich zahlreiche Wurzeln gebildet haben und diese gut im Topf angewachsen sind; solange muss man das Substrat leicht feucht halten und die Oberfläche täglich übersprühen.

WARUM WERDEN BLÜTENKNOSPEN GELB?

Verschiedene Gründe können zum Vergilben und Abfallen der Blütenknospen führen:
– ein zu krasser Temperatur-Unterschied,
– zu starkes Nachlassen der Lichtmenge,
– kalte Zugluft,
– ein Versetzen der Pflanze weg von ihrer Haupt-Lichtquelle,
– Feuchtigkeitsmangel,
– Aufbringen von Insektiziden auf die Knospen,
– mangelndes Gießen.

Rechte Seite: *Phalaenopsis schilleriana* ist eine reizende, sehr blühfreudige Art, deren Blüten nachmittags duften. Ihr geflecktes Laub stellt ebenfalls eine Besonderheit dar.

DUFTEN ORCHIDEEN?

Sind sie etwa zu schön, um auch noch die Kühnheit zu haben zu duften? Tatsächlich gehen viele Orchideen so weit, Duft zu verströmen (manchmal aber auch einen unangenehmen), um das befruchtende Insekt anzulocken. Die Vielfalt der Düfte ist unglaublich. Diese noch wenig bekannte Eigenschaft ist gerade für Sammler ein sehr beliebtes Thema.

MUSS MAN DIE BLÜTENSTÄNDE NACH DER BLÜTE ABSCHNEIDEN?

Es ist empfehlenswert, den Blütenschaft an der Basis abzuschneiden, sobald die Blüten verwelkt sind. Dennoch erfordert dies bei bestimmten Orchideen ein gewisses Maß an Fingerspitzengefühl:
– Bei den meisten *Phalaenopsis*-Arten sollten die Blütenstände über dem zweiten oder dritten Knoten von unten geschnitten werden, denn in 80 Prozent der Fälle wächst aus diesem oberen Auge ein neuer Blütenschaft.
– Bei Orchideen mit sich nacheinander öffnenden Blüten *(Psychopsis,* manche *Paphiopedilum* u. v. m.) darf der Blütenschaft erst abgeschnitten werden, wenn er austrocknet.

MUSS MAN EINE ORCHIDEE TEILEN, DIE VIELE PSEUDOBULBEN HAT?

Die Teilung ist notwendig, wenn die Pflanze zu groß wird. Oder sie hat zu viele alte Pseudobulben in ihrem Zentrum, an die man nur herankommt, wenn die Pflanze geteilt wird.

KANN MAN ZU JEDER JAHRESZEIT UMTOPFEN?

Das Umtopfen muss eine ausreichend lange Zeit vor der Blütezeit oder direkt danach erfolgen. Da die Wachstumsaktivität der Pflanzen in den Wintermonaten immer verlangsamt ist, darf man nicht in dieser Zeit umtopfen (das heißt, nur wenn es wirklich nicht anders geht). Besser geeignet ist der Frühling oder Frühsommer.

WIE LANGE UND UNTER WELCHEN BEDINGUNGEN KANN MAN EINE ORCHIDEE SICH SELBST ÜBERLASSEN?

Diese Frage wird häufig gestellt, wenn die Urlaubszeit naht. Ihre Orchidee kommt zehn bis 14 Tage lang ohne Gießen aus, wenn der Topf nicht zu klein ist, sie in einem hellen Raum steht und – besonders im Sommer – vor zu hohen Temperaturen geschützt ist. Falls diese Periode länger als 14 Tage dauert, ist die Gefahr groß, dass die Orchidee austrocknet. Dann sollten Sie Ihre Pflanze bei Freunden oder Orchideenfachleuten in Pflege geben. Dabei sollten Sie der Person, die Ihre Orchideen in Ihrer Abwesenheit betreut, den einzuhaltenden Gießrhythmus gut erklären, denn manche »Betreuer« meinen, sich vorbildlich um die Pflanzen zu kümmern, indem sie sie so oft wie möglich gießen – und das wirkt sich schnell katastrophal aus!

GIBT ES UNVERTRÄGLICHKEITEN ZWISCHEN ORCHIDEEN UND ANDEREN PFLANZEN?

Nein, Orchideen vertragen sich, soweit bekannt, mit allen anderen Pflanzen. Solange die geforderten Kulturbedingungen die gleichen sind, können Orchideen ohne Weiteres mit anderen Pflanzen (z. B. *Tillandsia*) zusammen gehalten werden.

Die großen, sternförmigen Blüten von *Encyclia baculus (Epipendrum pentotis)* duften stark. Die Art wird in einer warmen oder gemäßigten Umgebung kultiviert und braucht viel Licht.

IST DEMINERALISIERTES ODER DESTILLIERTES WASSER GUT FÜR ORCHIDEEN?

Nein, denn sein Mangel an Mineralsalzen führt sehr rasch zu schweren Mangelerscheinungen.

IST DÜNGEN WIRKLICH NÖTIG?

Dünger ist für das Wachstum und die Blüte Ihrer Orchideen unverzichtbar, denn die in der Kultur verwendeten Substrate enthalten nur einen verschwindend geringen Anteil der Nährstoffe, die sie brauchen.

MUSS MAN DIE WURZELN ABSCHNEIDEN, DIE AUS DEM TOPF HERAUSWACHSEN?

Diese Frage mag überraschen, wird jedoch häufig gestellt – besonders von Menschen, die nicht wissen, dass Orchideen eine Menge Luftwurzeln bilden und von Natur aus dazu neigen, aus dem Topf herauszuwachsen, um die Luftfeuchtigkeit aufzufangen. Man darf diese Wurzeln nie abschneiden (außer beim Umtopfen), sondern sie sollten sich frei entwickeln können. Denken Sie daran, die Luftwurzeln zu schützen und zu beobachten, um an ihnen den Gesundheitszustand der Pflanze einschätzen zu können.

UNTERSCHEIDEN SICH GRÖSSE UND FARBE DER BLÜTEN VON EINER BLÜHPERIODE ZUR NÄCHSTEN?

Im Prinzip variieren Blütengröße und -farbe nicht von einer Blühzeit zur anderen. Dennoch kann ein Umtopfen kurz vor der Blüte oder schlechtes Wachstum der Pflanze zur Veränderung der Blütenform führen.

Eine junge Orchidee, die zum ersten Mal blüht, hat selten Blüten von sehr guter Qualität, doch Ihre Geduld wird schon beim zweiten Mal mit prachtvollen Blüten belohnt!

KANN MAN MEHRERE ORCHIDEEN VERSCHIEDENER GATTUNGEN IM SELBEN TOPF ZIEHEN?

Diese Praxis ist nicht zu empfehlen, denn zwei verschiedene Gattungen können völlig entgegengesetzte Kulturansprüche und ein ganz unterschiedliches Vegetationsverhalten haben.

MUSS MAN ORCHIDEEN UNBEDINGT IN KUNSTSTOFFTÖPFEN ZIEHEN?

Nein, der Kunststofftopf kann auch durch einen Tontopf ersetzt werden. Für die Kultur bestimmter Orchideen, die empfindlicher als andere auf übermäßiges Gießen reagieren und leicht Wurzelfäule bekommen *(Cattleya, Oncidium* usw.), wird er sogar empfohlen.

REGISTER

Seitenzahlen mit Sternchen * verweisen auf Abbildungen.
Fette Ziffern beziehen sich auf die Hauptbeschreibungen.